会社が変わる！日本が変わる!!

日本再生「最終提言」

田原総一朗
牛島信

徳間書店

まえがき

田原総一朗

去年の9月に、牛島信氏が『日本の生き残る道』(幻冬舎)という著書を出された。

その著書の冒頭で、牛島氏は「今の私の関心は、どうすれば30年を失ってしまった日本をよみがえらせることができるのか、にある。もちろん、コーポレートガバナンスを通じて復活させるしかないのである。社会で価値を創造することができるのは企業、会社だけだからである。そして、会社とはリーダーたる社長次第である。その社長選びがコーポレートガバナンスなのだ」と指摘強調している。

実は、1980年代、つまり中曽根康弘内閣の時代は、ジャパン・アズ・ナンバーワンと称されていて、日本の経済状況は世界一だったのである。

牛島氏が生まれたのは昭和24年であり、「私は、いわゆる吉田ドクトリン(軽武装、経済成長）の積極面しか知らず、負の側面を意識することはなかった。明日は今日よりも良い日になるに決まっていると思っていた。現に、日本はそのとおり、日々目ざましい成長を続けたのだ。私は中年まで右肩上がりの日本しか知らなかった」と書かれている。

それが、80年代に、レーガン大統領の米国に、日本はすさまじい無理難題を押しつけられ、挙げ句に、強引にバブルにさせられて、それが弾けて大不況に陥った。

ところが、その後30年間、日本の経済は活性化できないままなのである。

なぜ、かつては世界一だった日本の経済が活性化できなくなってしまったのか。

この30年間、ヨーロッパの先進国も米国も、中国や韓国も、それなりに経済成長しているのに、日本の経済は、ほとんど成長していない。

それに30年前には、日本人の平均賃金は韓国の2倍であった。それが、現在では韓国に抜かれてしまっている。日本人の実質賃金が実は値下がりしているのである。

なぜ、このような事態となってしまったのか。

たとえば、セブン＆アイ・ホールディングスの鈴木敏文会長兼ＣＥＯが、１９９２年から20年以上にわたってグループを率い、セブン＆アイの中興の祖と呼ばれていた。その会長の意向に基づく、子会社セブン-イレブン・ジャパンの社長交代案が4月7日に、取締役会で否決されたのである。鈴木会長は即日、セブン&アイの全役職から退く意向を表明した。

社長交代案は、セブン&アイが取締役会の諮問機関として設けた「指名・報酬委員会」で議論されたが、4人の委員の半数を占める社外取締役が反対した。その後、社長交代案は鈴木会長の意向を受けて取締役会で審議された。15人の取締役のうち社外取締役は4人。無記名投票は反対6、白票2で、過半数の賛同を得ることができず否決された。

「物言う株主」(アクティビスト)として著名な米投資ファンド、サード・ポイントの事前の動きが、取締役会における議論に影響を与えたとも言われている。

牛島氏は、「経営者の交代は本来、コーポレートガバナンスの最も重要な機能である。しかし、多くの日本企業では、後継者指名はこれまで経営トップや元トップによる密室の議論で決定するものと考えられてきた。取締役会はそれを追認する場に過ぎなかった。

今回の事件は従来の常識が変わりつつあることを示している」と強調している。

そして、「日本人である私は、ほんの少しでも、日本の次の世代、その次の世代に、より良い日本を残すために自分の力を尽くしたいと考えている。どうやらコーポレートガバナンスの世界が私のエリアなのだろう」と結んでいる。

私は、首相を含めた政治家、そして経営者たちに数多く会い、話を聞いている。だが、この30年間、なぜ日本の経済が活性化しないのか、なぜ、多くの政治家、経営者たちにそれができないのか。正直いって、私自身、そのことが掌握できていなかった。

そこで、経営のあり方から企業の実態まで熟知している牛島氏に徹底的に問い、私の意見を述べて、長時間、何回も論議した。それをすべて記録したのが、この書物である。

牛島氏を紹介していただき、何回もの話し合いから、それをまとめる段階まで、喝望舎の佐藤克己氏、そして徳間書店の橋上祐一氏に大変お世話になった。あらためてお礼を申し上げたい。本当にありがとうございました。

2023年2月

会社が変わる！日本が変わる!!［目次］

第1章　どうして日本は衰退の道をたどったのか

第2章　企業は変革できるのか

第3章 社会の「富」は会社が生み出す

第4章 会社が変わる時、日本が蘇る

装幀　鈴木俊文（ムシカゴグラフィックス）
写真　大倉琢夫（スタジオピース）
図版作成　浅田恵理子
編集協力　佐藤克己（喝望舎）

第1章

どうして日本は衰退の道をたどったのか

（1）発端は経済大国日本へのアメリカのバッシング

■第一勧業銀行元会長の死

牛島　私が田原先生に初めてお目にかかった日を、今でも鮮明に覚えております。1997年6月29日の日曜日です。「サンデープロジェクト」という日曜午前中の報道番組で、私がスタジオに呼ばれてお話をしていたときに、第一勧業銀行（現みずほ銀行）の頭取、会長を務めた宮崎邦次さんが自殺をしたというニュースメモが、田原先生に渡され、それを見て「みなさん今……」と言われたのです。

本日はジャーナリストとして現在も大活躍中の田原先生をお招きして「失われた30年、どうする日本」というテーマでお話をいろいろ、伺えればと思っております。

私が、「失われた30年　どうする日本」というプロジェクトを始めようと思い立ったのは、バブル崩壊からの「失われた30年」というものが、今、日本に厳然としてあります。

それが40年、50年になるのではないかという見解も溢れている。そうすると私どもの次の世代、さらにその次の世代、日本はどうなってしまうのか、という危機意識を私なりに持っております。

私は戦後すぐ、昭和24年生まれですから、田原先生と15歳違いとなります。高度経済成長期の中で青年期をすごし、ＧＤＰ世界第2位の経済大国となった日本で大学生になりました。日本は2度の石油ショックを克服し、バブル景気に踊り、ついにバブルの崩壊に至ったという経験が自らの経験としてあります。前述の第一勧銀会長の自殺は、バブル期の後始末というか、金融機関の破綻が相次いでいたときの話です。

もちろん、作家・三島由紀夫が１９７０年に市谷の自衛隊駐屯地で自決する前に、「このまま行ったら『日本』はなくなってしまうのではないかという感を日ましに深くする。日本はなくなって、その代わりに、無機的な、からっぽな、ニュートラルな、中間色の、富裕な、抜目がない、或る経済的大国が極東の一角に残るのであろう」と警告していましたが、当時の私にはそういう実感はまったくなく、危機感も肌身に迫るものはありませんでした。

■日本は経済大国ではなくなるのか

牛島　ところが今や日本は、経済大国ですらなくなろうとしている！

田原先生に教えていただきたいのは、なぜそうなったのか。どうしたら日本を救えるのか。あるいは、救う手段はないのか、ということです。

実はこの対談前に田原先生に何回もお会いして、この疑問をぶつけ、お話を伺ったときに、私は思ったのです。

「これだ、田原先生のお考えを広く世の中にお伝えしたい」と。

そして私はコーポレートガバナンスの団体に所属していますが、日本は会社が中心になっている社会という思いが強くあります。コーポレートガバナンスという観点からも、きっと田原先生との対談が役に立つことがあるのではないか。そうお願いをすると、田原先生はその場でご快諾してくださいました。「よし、やってやる」と。個人的なエピソードですが、講演会を準備しながら、最近亡くなられた池尾和人さん（経済学者）と昔、話したことを思い出しました。

それは、池尾さんが私に「牛島さん、日本が若い人にとって素晴らしい国であるようにしなくてはいけない」、こうしきりにおっしゃられたことです。

実は、今の五十歳以下の人たちは、停滞した日本しか知らない世代なのです。

これは特別プロジェクトと称しまして1年間、13人の方々にお話をいただきました。その第一回目が田原先生になります。さらに1年間、憂国の識者たちからお話をいただきました。

（※本書では第一回目と第十四回目の田原先生との対談をまとめました）

■世界の時価総額ランキングから日本企業は消えた

牛島　さて、今さらながらですが「失われた30年」とは、1989年末に日経平均株価が史上最高値の3万8915円をつけ、翌1990年からのバブル崩壊から30年あまり日本経済が低迷し続けました。
この間、日本の名目GDPは16・5%しか増加していません。その間にアメリカは3倍以上、中国に至っては約53倍に膨れ上がりました（図1参照）。GDPの世界シェアも日本は13・5%から6%にダウンし、中国は1・7%だったのが17・4%にアップしました。

〔図1〕日米中3国の名目GDP推移

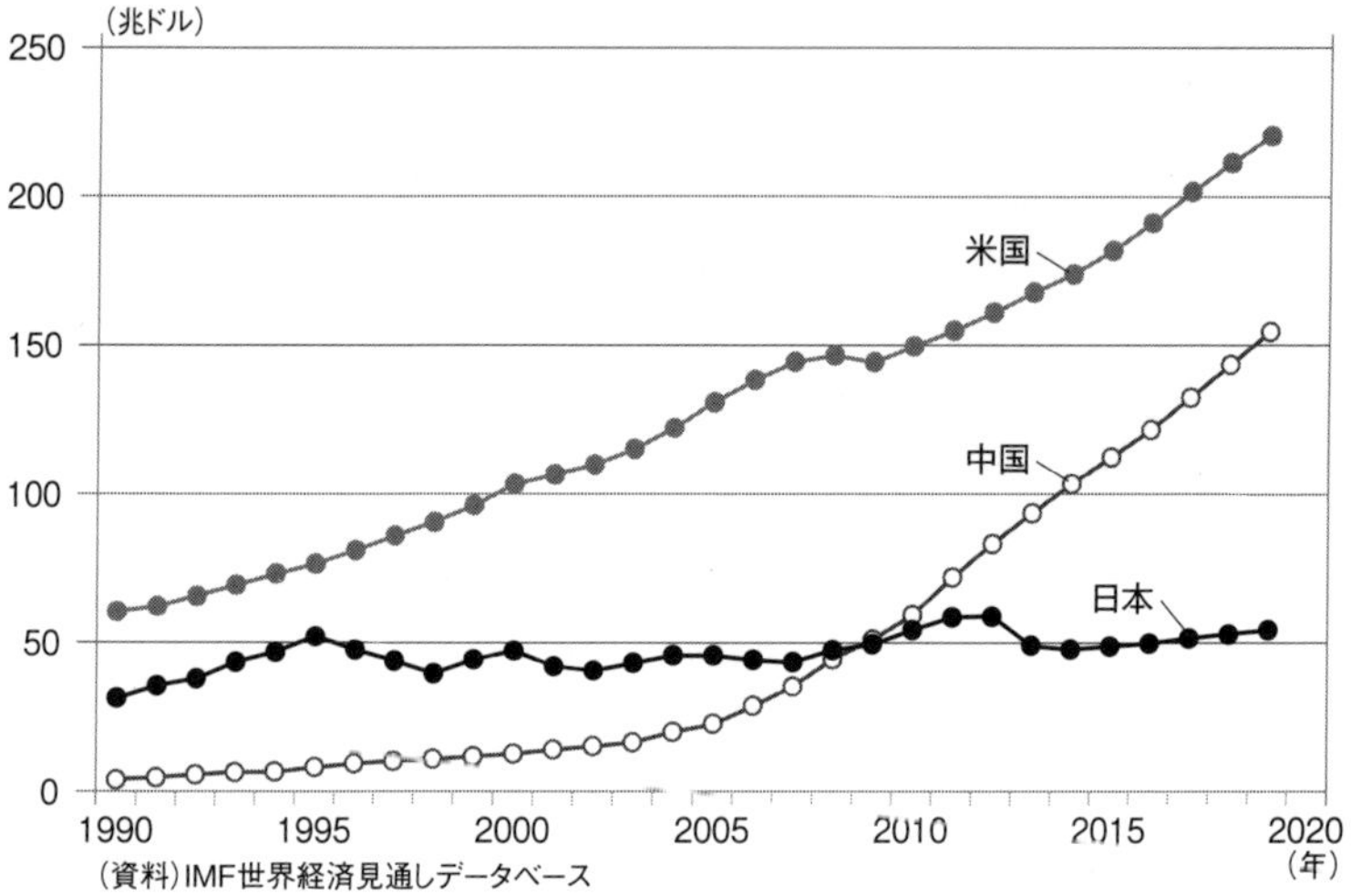

(資料)IMF世界経済見通しデータベース

平均賃金も日本は横ばいで推移し、韓国にも抜かれてしまいました（図2参照）。日本企業は「稼ぐ力」を失い、賃金もこの30年間ほとんど伸びていません。

田原先生、まず第一に「失われた30年」の原因は一体何なのか。そして、田原先生の解決策、処方箋を授けていただきたいと思います。

田原　分かりました。

まず、1989年、平成元年になりますが、企業の株式時価総額ランキングで世界のトップ50位の中に日本企業は31社入っていました。もっと言うと、世界トップ10位の中に日本企業は7社も入って

〔図2〕主要各国の平均賃金（年収）の推移

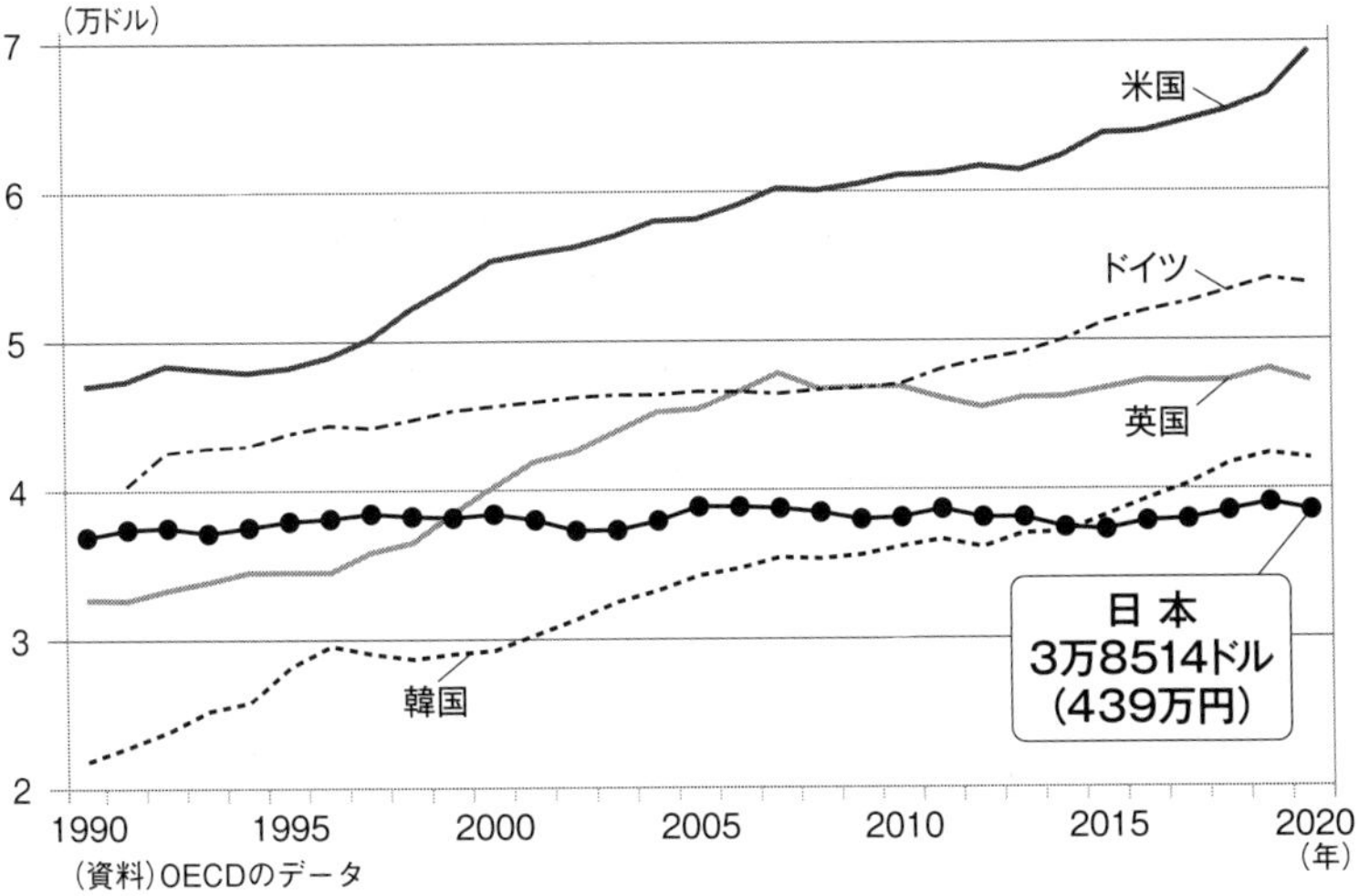

（資料）OECDのデータ

いたのです（図３参照）。

第１位はＮＴＴ（１６３９億ドル）、第２位は日本興業銀行（７１６億ドル）、第３位は住友銀行（６９６億ドル）、第４位は富士銀行（６７１億ドル）、第５位は第一勧業銀行（６６１億ドル）と日本の銀行が上位を占め、第６位にＩＢＭ（６４７億ドル）とようやくアメリカの企業が入ってきました。

そして第７位は三菱銀行（５９３億ドル）、第８位はエクソン（５４９億ドル）、第９位は東京電力（５４５億ドル）、第10位はロイヤル・ダッチ・シェル（５４４億ドル）で、第11位にトヨタ自動車（５４２億ドル）という順番でした。

当時は『ジャパン・アズ・ナンバーワン』（エズラ・ヴォーゲル著、1979年刊。戦後日本経済が成し遂げた高度経済成長を分析した）がベストセラーとなり、世界中から日本は羨望のまなざしを受けていたものです。名目GDPはアメリカに次いで世界第2位、日本企業の実力は実質世界一だという評価がもっぱらでした。

しかし、安倍晋三氏が総理に3選された2018年には、時価総額世界トップ50位の中に残っている日本企業は、トヨタ自動車1社のみになってしまった。

2022年1月のデータでも、第1位アップル（2兆6529億ドル）、第2位マイクロソフト（2兆2226億ドル）、第3位サウジ・アラビアン・オイル（1兆9647億ドル）、第4位グーグルのアルファベット（1兆7287億ドル）、第5位アマゾン・ドット・コム（1兆4468億ドル）、第6位テスラ（9479億ドル）、第7位フェイスブックのメタ・プラットフォームズ（8433億ドル）、第8位バークシャー・ハサウェイ（6822億ドル）、第9位TSMC（6000億ドル）、第10位テンセントHD（5860億ドル）と、10位以内に日本勢は入っていません。

第3位はサウジアラビアの会社ですが、それ以外、第1位から第8位まではすべてアメリカの会社です。そして第9位は台湾の半導体メーカーで、第10位はインターネット関連

〔図3〕世界企業の時価総額ランキング

（単位：億ドル）

1989年（平成元年）			
順位	会社名	国	時価総額
1	NTT	日本	1,639
2	日本興業銀行	日本	716
3	住友銀行	日本	696
4	富士銀行	日本	671
5	第一勧業銀行	日本	661
6	IBM	米国	647
7	三菱銀行	日本	593
8	エクソン	米国	549
9	東京電力	日本	545
10	ロイヤル・ダッチ・シェル	英国	544
11	トヨタ自動車	日本	542
12	GE	米国	494
13	三和銀行	日本	493
14	野村證券	日本	444
15	新日本製鐵	日本	415
16	AT&T	米国	381
17	日立製作所	日本	358
18	松下電器	日本	357
19	フィリップ・モリス	米国	321
20	東芝	日本	309

（資料）ダイヤモンドオンライン調べ

2022年			
順位	会社名	国	時価総額
1	アップル	米国	26,529
2	マイクロソフト	米国	22,226
3	サウジ・アラビアン・オイル	サウジアラビア	19,647
4	アルファベット	米国	17,287
5	アマゾン・ドット・コム	米国	14,468
6	テスラ	米国	9,479
7	メタ・プラットフォームズ	米国	8,433
8	バークシャー・ハサウェイ	米国	6,822
9	TSMC	台湾	6,000
10	テンセントHD	中国	5,860
11	NVIDIA	米国	5,844
12	Visa	米国	4,485
13	ユナイテッドヘルス・グループ	米国	4,344
14	ジョンソン・エンド・ジョンソン	米国	4,340
15	JPモルガン・チェース	米国	4,288
16	LVMHモエヘネシー・ルイヴィトン	フランス	3,993
17	貴州茅台酒	中国	3,934
18	P&G	米国	3,898
19	ウォルマート	米国	3,889
20	サムスン電子	韓国	3,786
⋮			
31	トヨタ自動車	日本	2,807

（資料）2022年1月21日時点、ブルームバーグランキング

サービスを展開する中国企業でした。

このようにアメリカと中国の会社が大躍進した一方、かつて上位にあった日本のメガバンクは見る影もありませんし、メーカーもトヨタ自動車以外は姿を消してしまったのです。

■日本型経営は社員のモチベーションを保つもの

田原 当然のことながら日本はGDPの順位も落としてしまった。牛島先生が説明されたように、世界のGDPに占める日本のシェアは下降トレンドをたどり（図4参照）、2030年にはさらに4％にダウンするとIMF（国際通貨基金）は予想しています。

なんだ、これは。どうして、こうなってしまったのか。それが大問題。

牛島 どうして、こうなったのですか。

田原 実は、私は40歳になったばかりの頃、1970年代ですが、日本企業のカリスマ経営者だった松下幸之助氏に会うことができました。松下幸之助氏は松下電器産業（現パナソニック）の創業者で日本を代表する経営者。経営の神様と言われていた人物です。その松下幸之助氏に、僕は「経営者というのは一体何を、いちばん大事に考えるべきなのか」と聞いた。

〔図4〕世界全体のGDPに占める日本のGDPシェアの推移

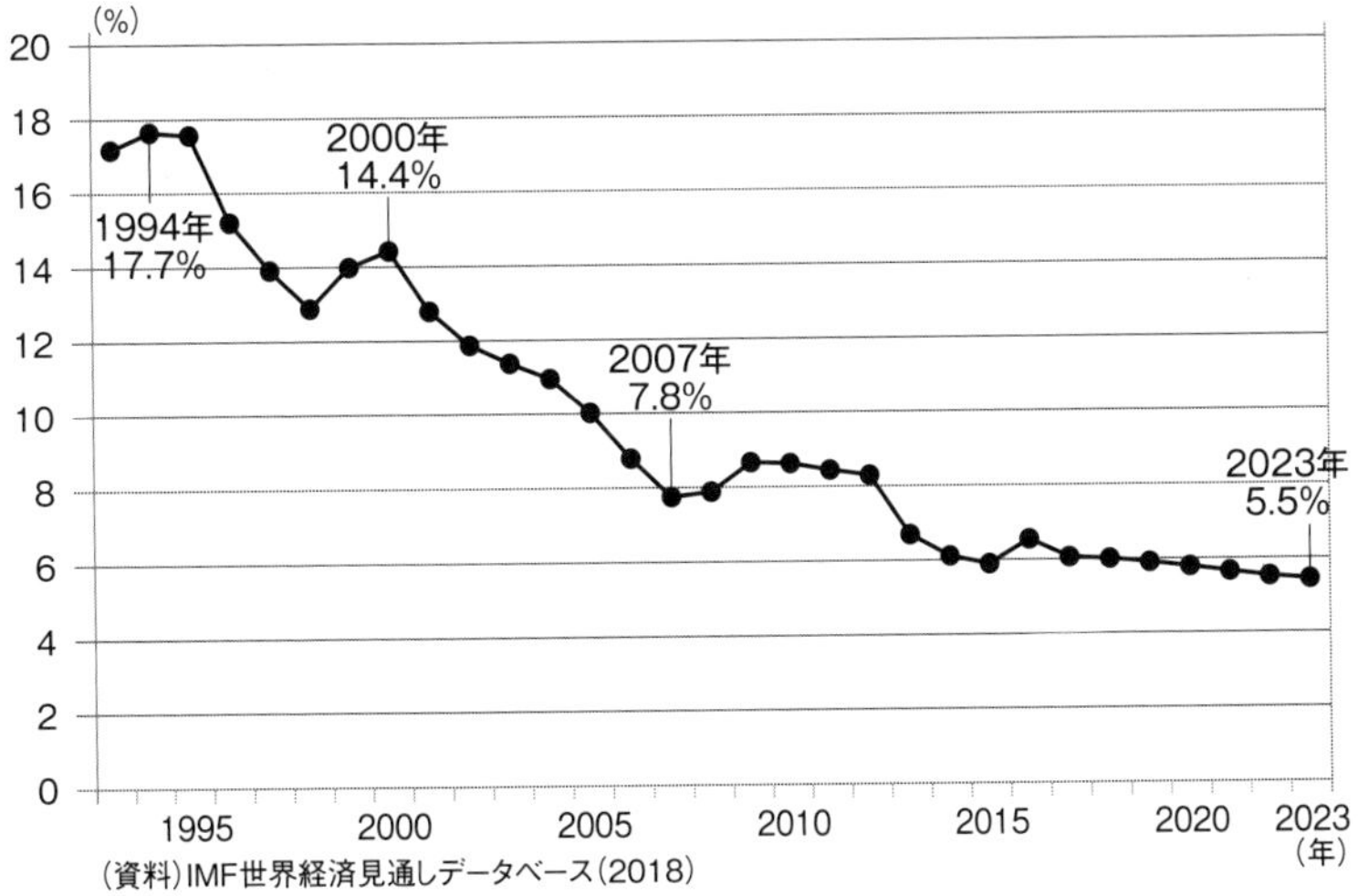

(資料)IMF世界経済見通しデータベース(2018)

そうしたら松下氏が「経営者はすべての従業員が、どうすればモチベーションを持ってくれるか、ヤル気を出してくれるか、それが経営者として最も考えるべきことであり、経営者の役割だ」と言い切った。

それが、すなわち日本型経営となったのです。

どういうことかというと、松下幸之助氏は全従業員にモチベーションを持ってもらうために、まず高校、大学を卒業した若者は正社員として会社に入ってもらう。

20代は会社の命令された仕事をただ黙ってこなす。30代になると係長や課長になり、40代になると部長、その後、役員になる。うまくすると、社長まで上り詰める。20代から30代後半までは「使われる側」だけど、30代後半からは「使う側」になる。だから日本では「マルクスの資本論」はまったく通用しなかった。

資本主義の経営者というのは、いかに労働者を安く使うか。資本論では、労働者は商品化され、資本家に安く使われ、搾取される。すると、不満を持った労働者たちは、その不満を爆発させて革命が起こると説いたのが、「マルクスの資本論」。これが日本ではまったく通用しなかった。なぜならば20代の社員は会社に使われるが、30代、40代の社員になると「使う側」になるからです。

■日本製品をガンガンアメリカへ輸出し成長したが……

牛島　つまり、自分の会社になるからですね。分かりますねえ。

田原　そうです。それで、日本人はみんな生きがい、やりがいを持ってガムシャラに働いた。

そして当時は、世界一豊かな国、アメリカが世界の手本だった。日本はアメリカの作っている製品をいかにしてより安く、より品質のいいものにするかに全力を注いだ。それで日本企業は成長し、アメリカに日本製品をガンガン輸出して企業も経済も伸びていった。つまり、日本企業はアメリカへ集中豪雨的に輸出したことで未曽有の成長を遂げたわけです。すると当然、アメリカは完全に貿易赤字国になってしまった。

牛島　最初はテレビでしたよね、象徴的なのは。そうしたら、そのうち自動車まで輸出するようになった。

田原　アメリカに集中豪雨的に輸出した影響で、アメリカの対日貿易はものすごい勢いで赤字が積み上がっていった。１９８５年にはアメリカの対日貿易赤字は５００億ドルに達し、ジャパンバッシングが起きるようになった。その当時はレーガンが大統領で（１９８１—89）、日本は中曽根康弘氏が首相だった。レーガン、中曽根のときにアメリカは米ソ冷戦時代で、敵はソ連だった。しかし、ソ連の経済力は弱く、アメリカにとってどうでもいい存在、国だった。

こうしたなか、アメリカの産業界などから「本当の敵は日本だ、日本を潰そう」という声があがるようになり、それを当時のレーガン大統領が主張し始めた。日本の工場でガンガン生産するのはいいが、それを集中豪雨的にアメリカへ輸出するとは、何だ。「けしからん」と。

牛島　そのことを、田原先生に教えられて、私なりにいろいろと考えてみました。

日本がうまくいかなくなった理由は、レーガン大統領の時代を思い出してみれば分かります。よく私はこういう説明をします。もし「あなたが80年代のアメリカのビジネス・パーソンだとして考えてみてください」と。

一日、一生懸命働いて帰宅する。そしていつもの習慣でテレビをつける。ふと気がつくと、そのテレビは日本製だ。

さらに、そういえば愛車のシボレー（アメリカを代表する乗用車）にガタが来たので、仕事帰りにカーディラーに立ち寄って「次はどのシボレーを買ったらいいんだ」と聞いてみた。そうしたら、「旦那、もうアメ車はダメですぜ。故障が少なく、燃費のいい日本車を買いなさいよ」と言われた。テレビも自動車も日本製になってしまうのか。それが、一般的なアメリカ人から見た１９８０年代のアメリカ社会の風景でした。

それで、アメリカの工場が潰れていき、「富」が日本に吸い取られる。それでは、堪《たま》らないということになって、田原先生が指摘されたように「日本をぶっ潰す」という話になったわけですね。

■アメリカ経済の回復を狙ったプラザ合意

田原　それでアメリカ財務省は、当時の大蔵大臣、竹下登氏をニューヨークに呼んだ。
牛島　プラザホテルに呼んだという話ですね。
田原　日本がアメリカに集中豪雨的に輸出するのは、円が安いからだと。だから円高にしろと、そうしなければ「日本を潰す」と脅された。それを、私は竹下登氏に直接、聞いたのですが、当時の為替レートは、1ドル240円でした。竹下氏は「まあ、200円ぐらいはしょうがないか」と思ったそうです。それが、何と1ドル150円までの円高となり、日本経済は「円高不況」に陥ってしまった（図5参照）。
　それでもアメリカ政府は、日本が輸出を拡大しているのは、「日本は内需拡大をしないからだ」といちゃもんを付けてきた。だから強烈に「日本は内需拡大をしろ」とアメリカ政府は日本政府に迫ったのです。その要求をバックに出てきたのが、「前川レポート」でした（経済構造調整研究会が1986年に提出した報告書で、日本の内需拡大が主張された。この研究会は当時の中曽根康弘首相の私的諮問機関で座長は元日銀総裁の前川春雄氏。この報告書は同氏の名前からこう呼ばれた）。

〔図5〕ドル円相場の推移

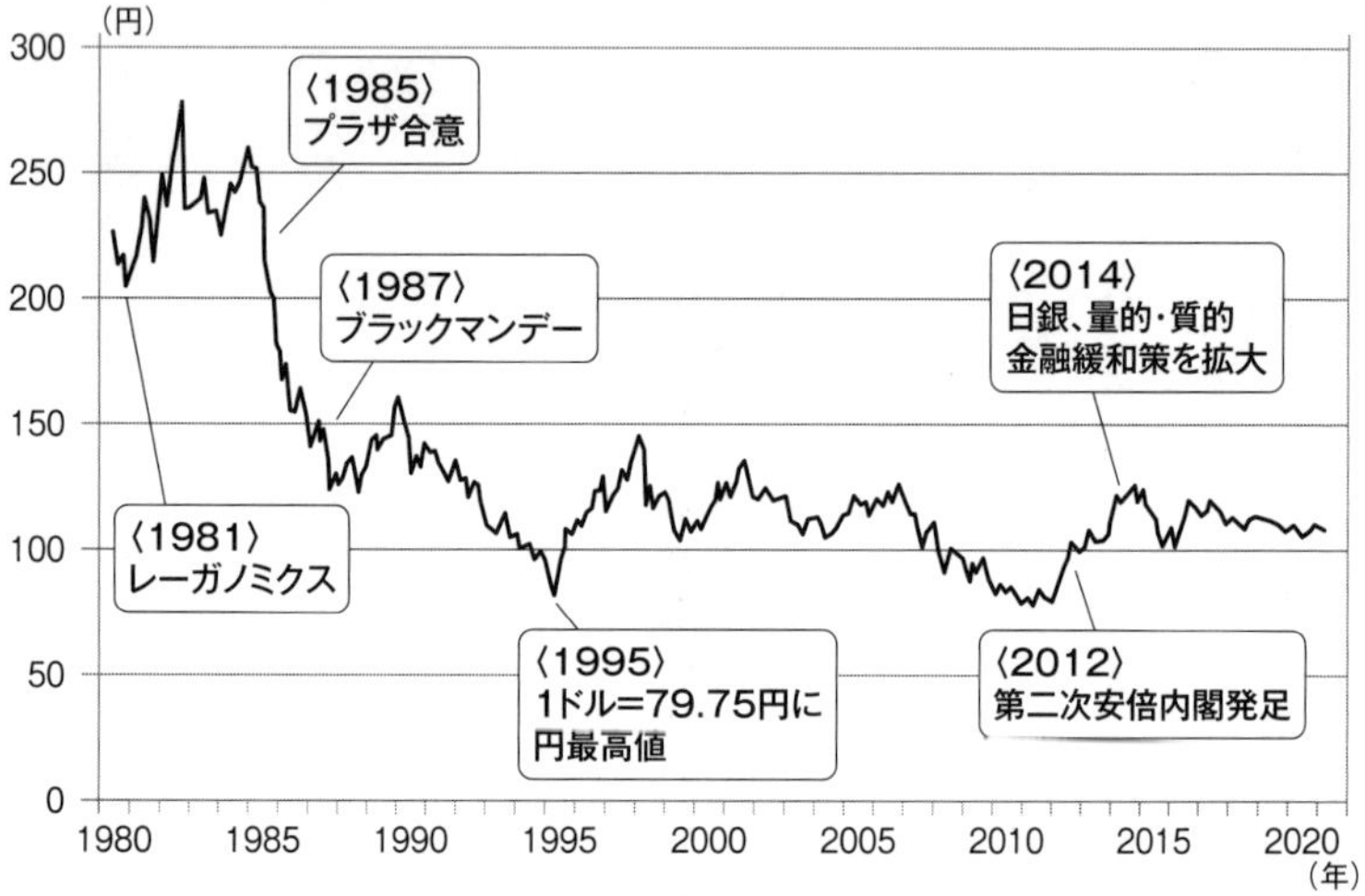

■アメリカの要求を呑まざるを得なかった日本はバブルに

田原　日本政府は無理やりに内需拡大に舵を切った。だから、それが発端となって日本は金融緩和を実施して、行き場のないカネは土地や株式投資に回り、バブルが発生したわけです。具体的には不動産価格や株価が暴騰、やがて一般庶民は不動産価格が高くなり過ぎて購入できないと、大批判が巻き起こります。

その後、ご承知の通り1991年にバブルが弾けた。日銀は暴落を懸念して不動産融資の総量規制を実施、それをキッカケに不動産価格が急落、株価はその前に下落していたのです。

日米両国は「日米構造協議」を開催したが、実はアメリカ政府が主導権を握っていて、日本の貿易障壁をぶち破ることを目的にしていました。具体的には半導体などすべての日本製品について輸出規制の対象としたわけです。そして日本経済、企業はドンドン追い詰められた。そして１９８９年にスーパー３０１条*の適用まで話が挙がった。

＊アメリカの包括通商法で、二国間交渉で妥結を見ないときは、アメリカ通商代表部が制裁措置を講じるとする条項。

当時、僕は中曽根総理に「何で日本はアメリカの目茶苦茶な要求を呑まないといけないのか」と問うた。

牛島　そのようにハッキリと中曽根首相に聞かれたのですか。

田原　そうです。中曽根さんは「残念ながら仕方がない。日本は安全保障を自国で行うことを放棄して、アメリカに守ってもらっている。アメリカに守ってもらっているから、アメリカの言うことを聞かないといけない」というわけです。だから「はやく憲法を改正して、ちゃんと日本が安全保障で主体性を持てる国にしないといけない。それまでは我慢して、アメリカの言うことに従うしかない」というわけです。

■銀行を救う公的資金投入を嫌った金融機関と大蔵省

牛島　中曽根さんは憲法改正論者でしたが、首相のときは「封印」をしていましたよね。

田原　それは朝日新聞をはじめ、毎日新聞、東京新聞など大手メディアがこぞって憲法改正大反対でしたから、封印せざるを得なかったのです。だから「今は、我慢してでもアメリカと仲よくするしかない」と判断したのです。

中曽根首相は、表面的には「ロンヤス」の関係を築いたが、日本経済は円高不況で無茶苦茶になった。

1991年にバブルが弾けた。当時の宮澤喜一内閣（1991―93年）において、銀行が大変なことになった。企業に融資をする担保はすべて土地です。それが、日銀の「総量規制」をキッカケに不動産価格が4分の1、5分の1に急落して融資が全部、焦げ付いてしまった。日経平均株価も4万円近かったのが、7000円前後まで急落し、それで1990年代に日本は大不況に突入したのです（図6参照）。

〔図6〕日経平均株価の推移

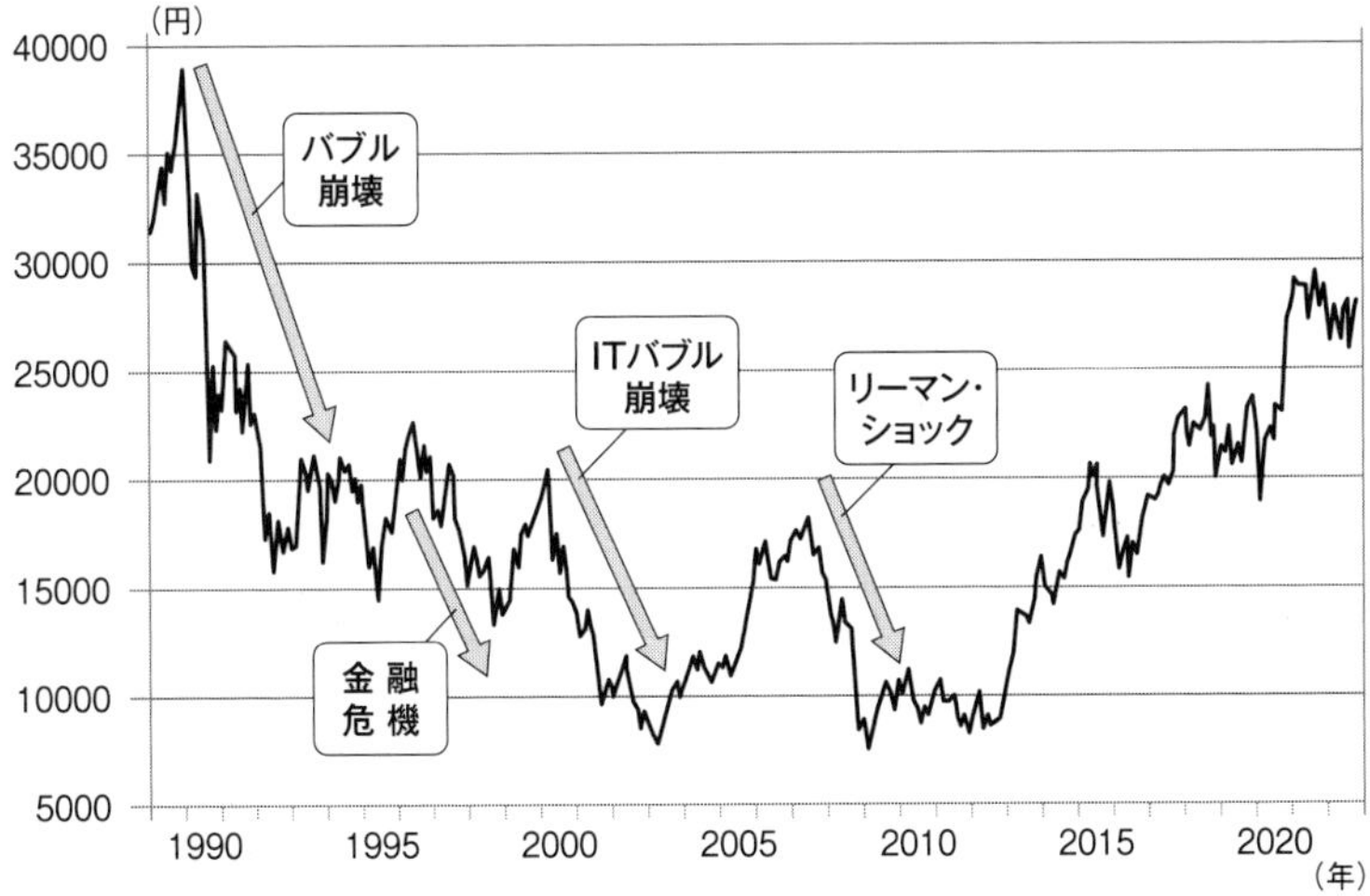

しかし、日本の政治家や官僚、企業の経営者はバブル崩壊後の対策を示さなかった。というより、示すことができなかった。だから、経済の劣化は30年間にも及んでしまったのです。

牛島　不良債権問題は大きな影響を及ぼしましたね。

田原　そうです。僕はこのままでは日本の銀行が潰れてしまうから、宮澤さんに、(不良債権を)解消するために、「公的資金」を投入すべきだと主張した。

そうしたらすべての銀行は、日本政府がカネを出すことに反対した。その理由は銀行の経営陣が、公的資金を投入されることで経営責任を問われる。また同時に、今後の銀行経営に国家の監視が強くなることを嫌ったのです。

そして、何と大蔵省も財界も、さらにバカなマスコミも全部、公的資金投入に反対したのです。宮澤さんが僕に、「田原さん、総理大臣よりも、大蔵省のほうがはるかに力がある。どうしようもないね」と嘆いていたのを覚えています。

■政治改革ができず宮澤内閣は崩壊、自民党長期政権は終わる

田原　そして話はちょっとズレますが、思い出すのが宮澤内閣のときに後藤田正晴という政治家がいました。僕は後藤田氏を尊敬していましたが、ある日「日本は中選挙区制でやっているが、この選挙区制だと、どうしても金権政治になって、マネースキャンダルが氾濫する」というのです。その象徴が田中角栄氏でした。中選挙区制のままにしておくと、政治はどうしても独裁になる。だから、「選挙制度を小選挙区制に変えるべきだ」と主張された。

後藤田氏に僕は2日間、説得されて、すっかりその気になった。

時の総理である宮澤さんに「中選挙区制度だと、マネースキャンダルが氾濫する。このままでは日本はおかしくなる。だから、選挙制度を変えるべきである」とテレビの討論番

組で言ったら、何と宮澤さんはその場で「変えます」と答えたんです。

牛島　それは、田原先生の番組での話ですね。

田原　そうです。

　僕は「変えようと言ったって、いつ、変えるか分からないじゃないか」と問いただしたら、宮澤さんは「今の国会で変える」と発言したのです。僕は間髪入れず、「本当か」と問い直した。そうしたら宮澤さんは「私はウソは申しません」と。「本当にこの国会で変えるのか」と再度聞くと、宮澤さんは「断言します」と答え、念を押したのです。

　ところが、自民党の重鎮、梶山静六氏など多くの自民党議員が反対し、野党が提出した宮澤内閣不信任案に自民党（当時）の小沢一郎氏、羽田孜氏なども賛成に加わり、宮澤内閣は崩壊してしまった。だから、宮澤内閣を潰したのは、僕なのです。しかも、それで公的資金の導入もできなかった。結果として、日本の経済はドンドン、悪くなったわけですね。

(2) 松下的日本型経営は終焉に

■業績が悪くても社員は安泰だと思っていた

牛島 その後、日本はどうやっていいか分からないまま、混乱状態が続いたわけですか。

田原 銀行の不良債権がどうにもならなくなった。それで、牛島先生が冒頭で話された、第一勧業銀行元会長の自殺につながるわけです。

牛島 そうです。1997年のことでした。

田原 まさに、どうしようもない、日本の景気がドンドン悪化する。

問題は松下幸之助が始めた、全社員がモチベーションを持てる日本型経営をしていたことです。全従業員にモチベーションを持たせるため日本では「年功序列」「終身雇用制度」が行われていましたが、景気が悪くなってもそれを継続していた。

ところが、バブル崩壊に金融危機と、90年代終わりにかけて物が売れなくなり、景気は悪くなる一方でした。そして企業の借金がどうしようもなく膨らむ。しかし、経営がおかしくなっても正社員をリストラできない。

そこで日本政府はどうしたか。リストラをできる社員をドンドン増やすことにしたのです。それが非正規社員の導入でした。中曽根内閣の時代までは非正規社員はいなかったが、今では全従業員の約4割も非正規社員となったのです。

牛島　そこにつながっていくわけですね。

田原　景気は悪い、非正規社員が多くなった。そして1996年にアメリカでインターネットが開発されてIT革命が起こる。それから、産業のあり方がドーンと変わった。

牛島　ところが、その時、日本は。

田原　景気は悪くなるが、日本のサラリーマンはそんなことは関係なかった。松下的日本型経営の下では、業績が悪くなろうがとにかくサラリーマンは一生安泰だと思っていた。

当時のサラリーマンは「偉くなる」ことが最大の目的だったのです。係長、課長、部長へ、そしてさらに出世するために「ただ、上の命令だけを忠実に実行する」。上司から言われた仕事さえしていれば、地位が自然と上がり、さらに運がよければ役員になれる。取締役、常務取締役、場合によっては社長まで上り詰めることが可能だった。

しかも社歴を重ねるだけで、自然と給与も高くなり、身分は定年まで保証されている。

だから、社員は会社に忠誠を誓い、目の前にある仕事だけに専念してきた。だが、こうした日本型経営が今や、日本をダメにしている原因となってしまっている。

■協調性を求める企業には限界がある

田原　そこで、自分の体験で大変恐縮なのですが、それに関連した話をしたいと思います。
僕は若いころ、ジャーナリストになろうと思って朝日新聞、NHK、読売新聞、TBS、北海道放送、東京新聞など、さまざまなマスコミの入社試験にチャレンジしましたが、協調性がないという理由で、すべて落ちました。当時はマスコミに限らず、日本の会社すべてで、「協調性」こそが大事だったのです。

僕は、やっとの思いで1960年に岩波映画製作所に入社でき、その後に東京12チャンネル（1981年「テレビ東京」に社名変更）の開局とともにそこに滑り込むことができました。当時のテレビ東京は三流のテレビ局で、現在は経済番組や旅行番組で人気の局ですが、開局当初は普通の番組を作っていたら相手にされません。しかも、制作費はTBSや日テレ（日本テレビ）の半分だったと記憶しています。当然、給料もはるかに向こうのほうが高かった。

僕はそこで「どうすればいいのか」と考えました。向こうに負けないためには、ＮＨＫ、日テレ、テレビ朝日が絶対に制作できない番組を作ることだ。だから、あぶない番組ばかりを制作した。それに絡んで、僕は２回警察に捕まったことがありました。

そして、僕は原子力船「むつ」の取材をして、それを総合雑誌『展望』（筑摩書房）で「原子力戦争」というタイトルで連載したことがあった。「むつ」は青森県むつ市の大湊港を母港としていましたが、反対派と推進派が現地で衝突し、それに興味を持った。そこでいろいろと調べると、推進派の市民運動のバックに大手広告代理店がいることが分かったのです。そのことを『展望』に書いたら、大手広告代理店側が「こんな記事を書く奴がいるテレビ局に、スポンサーはやらない」と脅してきたのです。この大手広告代理店が降りたらスポンサーがつかなくなるから、間違いなく東京12チャンネルは倒産です。僕は上司から連載を止めるか、局を辞めるか、どちらか選択しろと言われました。しかし、どちらも選択しなかったら、部長、局長が処分された。それを知った僕はテレビ局を辞めたのです。

それで、結果は良かったと考えています。僕は42歳で辞めたわけですが、定年の60歳まで勤めていたら、僕の人生は終わっていたと思う。少なくとも、今の僕はない。

つまり、協調性がなくていいのです。協調性がなくても、生きて行けます。だから、自分の正しいと思ったことを正々堂々と主張すべきだし、実行すべきだと、今でも強く思っています。

しかし、このような考えを持っている若者が大手企業に就職するのは難しいでしょうね。そうなると、日本の社員は劣化し続けていく。日本企業が当時、ＩＴ革命にまったくついて行けなかった。それは、自明の理でしょう。

■学生にも社員にもチャレンジ精神がない

牛島　では、日本はこれからどうすればいいのでしょうか。

田原　日本経済が立ち直れない一番の問題は、学生時代にあると思う。僕は２００２年から、早稲田大学で「大隈塾」という次世代の指導者養成を目的とした講座をやっていますが、学生には在学中の4年間で、「自分は何をしたいのか、本当に好きなものは何か、それをつかめ」と指導してきました。

しかし大半の学生は、好きなものをつかまないまま、というより分からないまま、就職活動に突入してしまいます。それで問題は、「どういう会社に就職したいのか」と僕が学生に問いかけると、まず「倒産しない会社」、次は「給与の高い会社」、三番目に「残業の少ない会社」ということになってしまいます。

自分はこれが好きだから、興味があるから、この会社に就職をしたいという意欲が、まったく感じられません。抜けているのです。

企業側もただ、おとなしく従順な学生を選んでばかりいるから、新しいことにチャレンジするような社員がいなくなってしまっている。だから、前述したようにＩＴ分野などに進出する機会を日本企業は失ったのだと思う。

ハッキリ言えば、社員にチャレンジ精神がないのです。

■ＩＴ革命で3周遅れの日本はどうしたらいいか

牛島　協調性を大事にする日本的な経営のやり方というのが、まさにガンだったとも言えますね。田原先生の生き方は、少なくともそれとは正反対だったということですね。

田原　それで、最近、人工知能（ＡＩ）の日本の権威である松尾豊・東大教授と話したことがあります。「田原さん、日本は今やＩＴ革命でアメリカの３周遅れだ」と、決定的に遅れていて、どうしようもないと言う。

そこで、実は２０１８年に安倍晋三さんが自民党総裁に３選された後、僕は安倍さんや、経団連会長の中西宏明さん（当時）、トヨタの豊田章男社長、ＮＴＴの澤田純社長（当時）らと相談した。そこで僕は「やっぱり日本の産業構造を抜本的に改革しないといけない」と問題提起したのです。

■入社5年目、10年目の社員に長期休暇を与えろ

田原　日本の産業構造を抜本的に改革する。安倍さんから後押しされて当時、西村康稔経済再生担当大臣を柱にした日本再生プロジェクトチームを作ることになった。経産省、財務省、厚労省など30代後半から40代前半の高級官僚9人、それに自民党の若手国会議員の齋藤健、村井英樹、山下貴司など6人がメンバーに加わった。

牛島　それは、現在進行形の話ですか。

田原　そうです。産業構造を抜本的に変えていく。ようするに、日本企業の「年功序列」

「終身雇用」を全部やめてしまう。そして入社して5年目、あるいは10年目になったら、全企業が半年間、全社員を対象に休暇を出す。サバティカル*のような制度です。

＊研究休職ともいわれ、持ち場を離れて自由に研鑽を積む制度をさす。企業版サバティカルとしては自分の業務に関連した専門知識を深掘りする。たとえば会計、税務、デジタル化、マーケティング、製品開発などを改めて体系的に学び直すなどがある。

牛島　入社して5年、もしくは10年経った社員に半年の休みを与えるのですか。

田原　学生時代にどんな仕事がしたいか、どんな会社に入りたいか、決められずに就職した社員も、その半年間で自分のやりたかったことの基準を取り戻すことができるわけです。

牛島　ただ今の若い人は、少なくとも、ちゃんとした大学に入り、いい大企業に入りたいと思って一生懸命に勉強している。

田原　学生時代はどんなことをしたいのかを考えるのは無理だから、一度、取りあえず企業に就職する。その後、本当に自分はどんな仕事がしたいのか、懸命に考えろと。で、今やっている仕事は自分に向いているのか、向いていないのか、入社して5年経ったら分かるだろう。

だから、入社5年目に休暇を出して、もう一度、改めて自分を見つめ直して、自分が本当にやりたい仕事を見つけ出し、それに相応しい企業へ再度、入社試験を受けてチャレンジする。もちろん、考えた末に、今の会社がいいと判断したのなら、そのままでもいいのです。

牛島　やり直し、「ご破算で願いましては」ということですね。再スタート。

田原　場合によっては、自分は企業に就職などしない。自分でベンチャー企業を起こす。東大教授の松尾豊さんは自分のセミナーの学生たちに、大企業なんかに就職するな、大企業に就職しても幸せにならない。だから、君たちはベンチャー企業を作れと指導しています。

今はインターネットが普及していて、リモートで仕事ができるのだから東京にいなくてもいい。そして、カネはかからない。松尾豊研究室から起業した学生、ＡＩベンチャーはすでに30社を超えたそうです。

本当に自分がしたい仕事をさせてくれる企業に就職をするのか、あるいは、ベンチャー企業を立ち上げるのか、どちらかを選べと学生たちに言っているそうです。

■竹中平蔵氏を中心とした成長戦略会議

牛島　しかしそれが、日本全体に影響を与え始めるのは、何年後でしょうか。

田原　ちょっと先でも触れた話ですが、若い人がベンチャー企業を作ることを当時の安倍総理が賛成してくれ、その後経団連幹部たちと相談して、この構想でいこうとなりました。

だが、その2週間後に、菅義偉政権が慶応大学教授・竹中平蔵氏を中心に成長戦略会議を立ち上げたのです。これは、安倍さんと西村大臣が作ろうとしている構想と全然、関係ありません。だから、僕たちの構想が完全に宙に浮いてしまった格好となったわけです。実は、菅総理が一番、信頼しているのは竹中平蔵氏です。今、世の中で竹中平蔵氏の悪口を言っていれば安全という風潮があるように、竹中平蔵批判がいっぱい渦巻いています。

それでも、なぜか菅さんも小泉純一郎さんも竹中さんを一番、信頼している。その竹中氏に事情を聞いたら、「実は、菅総理が安倍内閣は経産省内閣だと揶揄された。秘書官の今井尚哉氏など、すべて経産省出身でした。こんなでは、日本の経済はよくならない。だから、わが菅内閣は安倍内閣とまったく違う独自の経営戦略を作りたい。だから、竹中さん、よろしく頼む」と要請されたというのです。

牛島　それが、菅総理の考えですか。

田原　そうです。

■産業構造改革の一番は、終身雇用の廃止

牛島　田原先生が先ほど言われた「日本を救う改革」というものの具体的な中身、それによると、日本の企業のあり方も大きく変わっていくはずですね。

田原　ところがね、菅総理はコロナで手いっぱい。東京オリンピック開催もあった。だから、当時は何を言ってもダメだ。

　それで、ハッキリ言うと、２０２１年7月27日に僕が経営者として一番、信頼している冨山和彦氏（株式会社経営共創基盤代表取締役ＣＥＯ）と、竹中氏、齋藤氏、村井氏と具体的な産業構造の改革案を作った。だから、徐々にいい方向に向かっていくと思う。具体的に、今の時点で何年後に日本は良くなると、断言はできないがね。

牛島　産業構造の改革を行われたときに一番、大きなものは、先ほど言われた終身雇用の廃止ですか。

田原　年功序列もなくす。

牛島　そして5年経ったら、もう一度、社員は職を選び直す。そういう社会にいつ頃、なるのでしょう。

田原　少なくても3年後、4年後には実現したい。

牛島　そうすると、「失われた30年」の後は失われた40年にならないで済む。

田原　それをやるという基本的な考えは、多くの有力政治家、大企業の経営者たちもＯＫですからね。

（3）安全保障体制の中で日本企業は変わらざるを得ない

■アメリカの敵は今や中国

牛島　日本の「失われた30年」から立ち直る改革を進めるとき、アメリカと日本の安全保障のあり方は関係してくるでしょうか。

田原　これは大変な問題で、実はご承知の通り、２０２１年4月16日に菅首相とバイデン大統領の日米首脳会談が行われました。

この会談がとても大事だったのは、バイデン氏がアメリカ大統領になって初めての首脳会談の相手に日本を選んだことです。普通なら、イギリスとか、フランスの後になる。それが日本の首相が最初だった。

それは、いろいろ調べて分かったのですが、バイデン氏は日本に一番、期待をしているということです。

何を期待しているのか。今やアメリカにとっての一番の敵は中国ということです。

牛島　レーガン大統領と中曽根首相時代の日米関係とは、今はまったく違うとおっしゃっている。

田原　オバマ氏が大統領のとき（２００９―17年）に、中国の覇権行動を抑えられなかった。オバマ氏は黒人の大統領で、デモクラシーを大事にし過ぎたことが原因だと思います。そこで、トランプ氏が、「デモクラシーなんてクソくらえだ」と主張して大統領に当選した（２０１６年）。

そして、トランプ大統領は中国との貿易関税の引き上げなどを実施して、中国を力で押さえつけ、本格的にやっつけようとした。

しかし、力に頼り過ぎたトランプ氏にアメリカ国民は危惧感を抱き、２０２０年の大統領戦でトランプ氏は再選されなかった。そしてバイデン氏が大統領になった。しかし、バイデン大統領も中国は大変だと思っている。

■台湾有事の回避を日本に期待

牛島　トランプ氏の対中政策をバイデン大統領は引き継いでいますよね。

田原　そうです。そして、バイデン政権は中国が６年以内に台湾を攻撃すると見ている。

もし、中国が台湾を攻撃したら、アメリカは台湾を守るために中国と戦い、そして叩く。
そのとき「日本はどうする」と、初めての首脳会談でバイデン大統領は菅さんに聞いた。そうしたら菅さんは「日米同盟があり、台湾有事は日本有事だから、当然、日本も戦わないといけない」と答えた。
「だけど、そういう事態（台湾有事）を起こさないために、どうすればいいか」と菅さんが言ったら、バイデン大統領は「そこだ。問題の核心はそこにある」と発言したというのです。「そこを日本に期待したい」とバイデン大統領は表明したわけです。

牛島　レーガン大統領の時代と、今のバイデン大統領の日本に対する姿勢はずいぶん違います。その点を田原先生はどのようにお考えですか。

田原　第二次世界大戦後、世界で一番、強くて豊か国家はアメリカだった。当時のアメリカ国民は「世界の平和を守り、秩序を維持するのはアメリカである」と信じていました。だから全体主義のソ連に対して民主主義の国が戦わなければいけない。そこで民主主義のすべての国に、アメリカは軍隊を派遣したのです。
さらにもっと言えば、第二次大戦で、ヨーロッパ全土が戦場となりましたが、ヨーロッパを救うためにアメリカは「マーシャルプラン」を打ち出し、多大なカネを投じてヨーロッパ経済を立て直したのです。さらに、アメリカは莫大なカネを投じてアジア諸国の再建にも力を注ぎました。

ところが、巨大な軍事費が重荷となりアメリカ景気の足を引っ張りはじめました。加えて、レーガン大統領時代にはグローバリズムのブームに乗り、ヒト、モノ、カネが国境を越えてアメリカから出て行ってしまった。

すると、アメリカが世界で一番、人件費が高いことが問題となり、アメリカ企業の経営者たちは、アメリカ国内にあった工場をメキシコ、中国など海外にドンドン移転させてしまった。このためアメリカの工業地帯はすべて廃墟になったのです。仕事を求め黒人たちはニューヨークなど大都市や海外へ移住しましたが、白人の労働者たちは、その地に留まり失業者となってしまった。そこでトランプ氏はハッキリと、グローバリズムに反対したわけです。

■トランプ氏のアメリカファーストの功罪

牛島　アメリカファーストですね。

田原　その通り。アメリカさえ良ければいい。アメリカ人の多くは、これまでアメリカは世界の秩序を保つために労力を払ってきた。マーシャルプランにしてもそうだ。だから、トランプ氏の「アメリカがいいなら、それでいいのだ」という主張にアメリカ人の半分以上が賛同した。

反グローバリズムを主張してトランプ氏が初めて大統領選に勝利したわけです。トランプ氏はデモクラシーなど、クソくらえと。高圧的なトランプ氏に多くのアメリカ人は危惧したのは確かですが、強い大統領に熱狂したのも事実です。コロナがなければ、2020年の大統領選挙で再選した可能性は否定できませんね。

だがトランプ大統領は新型コロナウイルスは風邪みたいなものだと言って対応が甘かった。感染者はほっとけばいいと主張した。だから大統領自身もマスクをしなかった。その結果、自分も感染してしまった。しかも、ホワイトハウスのスタッフたちはトランプ氏に忠誠を表すために、マスクをしなかったのです。そのためホワイトハウスで集団感染が発生してしまったわけです。

当時、これは大変だということになり、トランプ氏が2期目の大統領選挙で敗北した一因にもなったのです。だけど、バイデン大統領もトランプ氏同様に中国は敵だという立場を取っている。しかし、トランプ氏は反グローバリズムだから、アメリカ一国で中国と向き合ったが、バイデン大統領はそれとは違い、同盟国の日本などと組んで中国と対峙する方向に転換したのです。それが大きく違う点です。

■同盟国と一緒に中国と対峙する

牛島　そこで、日本が安全保障上、重要な役割を果たすことになったわけですね。

田原　ということです。２０２１年６月のＧ７でも、同盟国と組んで中国と対峙すると宣言したのもその理由からです。同盟国の中でアジア地域に限ると、頼れるのは日本だけです。今や、バイデン大統領が率いるアメリカをはじめドイツ、イギリス、フランスも日本に期待しています。

そこで、日本は米中戦争が勃発しないように、つまり中国が台湾を攻撃しないためにはどうしたらいいか、それを真剣に考え、取り組まなければならなくなったのです。

そのために、僕は菅総理や二階さんなど有力議員にＡＳＥＡＮの国々と日本は連携を強める必要があると説いた。もちろんインド、オーストラリアとの関係強化も然りです。

とにかく、アメリカが一番、恐れているのが中国が台湾に侵攻するということです。これをどう抑えるか。それをＡＥＳＡＮ＋インド、オーストラリアの国々と一緒にやる。一国ではどうしようもないところまで、来ています。

牛島　アメリカ一カ国だけではどうしようもないわけですね。

■日本は二つの意見に分かれる

田原　だから、日本が主導権を取って、何とかやろうとしている。

そこで、日本には二つ、意見があると思う。中国が台湾に入ってこないためには日本はもっと軍事力を強めて、中国と戦う覚悟を示さなければいけないという考え方。これはジャーナリストの櫻井よしこ氏や、作家で評論家の百田尚樹氏などが主張しています。

ただ僕は、その考え方は違うと思う。やっぱり日本は、中国の隣国だし、日本企業は中国市場にずいぶん進出している。これをすべて、日本に引き上げるわけにはいかない。実はアメリカも中国も、日本と仲良くしたいと思っている。それが、もう一つの方法となる糸口です。

どのようにやっていくか。僕は有力議員と相談してきた。

実は、これもちょっと前の話となりますが、2020年6月に安倍さんに会って、「いままで日本の安全保障はアメリカに守ってもらってきた。そして、平和憲法を逆手にとってアメリカの紛争に巻き込まれないですんできた。それを忘れてはならない」と日本国憲法の重要性を訴えてきました。

だけど、アメリカはオバマ大統領となり、トランプ大統領も同じですが、「パックス・アメリカーナ」を放棄した。バイデン大統領もその姿勢を継承しています。そういう状況下においては、日米関係をより積極的な関係にしなければいけない。

さあ、日本政府はどうするか。どうしたらいいのか。今、日本最大の課題のひとつに、安全保障があります。

■ただ戦争に勝つだけでは平和は実現しない

田原　以前、外務省の幹部から「田原さんに日米同盟をどうするかなどの考えをお聞きしたい」と問われたことがあります。

そこで僕は「安全保障の問題を防衛省ではなく、外務省でやるべきだ」と主張した。なぜか。

日本の多くの防衛関係者はアメリカのジェームズ・マティス元国防長官（トランプ時代）を尊敬していますが、そのマティス氏は、アメリカは軍事戦略で大失敗をしたと思っている。

なぜかというと、アメリカは戦争になれば、勝てばいいと考えていたことです。

かつてイラクのフセイン大統領が中東でやりたい放題だった。そこでフセインを潰せば、中東は平和を取り戻し安定すると思い込んで、当時のブッシュ大統領はイラク攻撃を実行した。そして、フセインを抹殺した。そうしたら、中東地域は安定どころか大混乱に陥って手が付けられなくなった。

その状況を見て、マティス氏はただ戦争に勝てばいいものではないと気づいた。むしろ戦争をしてはいけないのだと。

アメリカは、単純に戦争に勝てばいいと思っていたから、国務省をないがしろにして国防総省が前面に出て、軍事政策を実行した。日本も戦前、外務省の前に軍が出てきたことから、戦争を始めてしまったという苦い経験がある。

牛島　なるほど、田原先生の眼には戦前の日本と、アメリカの過去とが重なって見えている。

田原　だから僕は防衛省ではなくて、外務省が前面に出て、国家戦略を作るべきだと考えているのです。

いずれにしても、こうした日本を取り巻く厳しい国際環境、それに対する外交、このことは日本企業へも間違いなく影響を与えることになります。「失われた30年」を40年にしないキーポイントは企業にあると思いますが、十分、熟慮したうえで、事業を展開していく必要があると思います。

第2章

企業は変革できるのか

(1) 進化するロボット、AIで仕事はなくなるのか

■人間の寿命は120歳になり、社会が激変

牛島 さて、話を日本経済に戻します。先ほど、日本企業は終身雇用をなくすべきだと田原先生は主張されましたが、将来どういう企業システムになっていくべきなのでしょうか。

田原 それに関連して実はもう一つ、大きな問題がある。

iPS細胞の発見でノーベル賞を受賞した京都大学の山中伸弥教授が数年前に僕に言ったことがあります。「実は田原さん、これから10年ぐらい経つと、あらゆる病気が治ってしまう。人間は死ねなくなる。そして平均寿命は、あと15年経つと120歳になる」と予言したのです。

これは大問題です。今、日本の企業では60歳で定年を迎えますが、その後の60年間を、人間はどう生きるのか。どうするのか。現在は、勤めている会社に65歳まで在籍することができますが、120歳まで生きられるとなると、定年後の約60年間の生活をどうするか。

翻って今、少子高齢化の下、年金受給者がドンドン増加しています。その半面、年金を掛ける人口がドンドン減っている。このままいくと、年金のシステムは明らかに破綻します。僕はこれから6、7年で年金制度を改革しないといけないと思う。年金受給年齢を多分75歳にすることになるでしょう。すると今度は、それまでの期間をどう生活するのか。

自民党の小泉進次郎氏や田村憲久元厚生労働大臣、幹事長を長く務めた二階俊博さんも言っているのですが、「日本人は人生設計を書き直す必要がある」。今までの人生設計、つまり20年間学んで、40年間働いて、20年間の年金生活、だいたい80歳で人生は終わる。これを書き直さないといけない。どのように書き直すか。

このことは、60歳定年や終身雇用はなくなることを意味します。

牛島　定年が、なくなるわけですか。

田原　どの企業も、もっと早く定年制度をやめてほしいと思っているかも知れない。つまり企業は必要でない人間は早く切り捨てて、必要な人だけをずっと使いたい。そして、効率化を求めたいと考えている。

僕はホリエモンこと堀江貴文氏と逮捕前日に対談をして、刑務所に入った年に対談本

（『ホリエモンの最後の言葉』２０１１年刊）を出版したことがあります。その対談で堀江氏が言っていたことが非常に面白い。面倒くさくて嫌な仕事は、すべてロボットがしてくれる。人間は好きなことだけをやればいい。そういう時代が近い将来やってくる、と。

これからの時代は、好きなことだけをやっていればカネになるというのです。

■ＡＩでいまの仕事の半分はなくなるというが……

牛島　すると人間にとって幸せな時代が近い将来、到来するということなのでしょうか。

田原　今後、ＡＩ（人工知能）がドンドン発達していくと、10年後、20年後の仕事はどうなるのか。それが大事になってきます。その点について、オックスフォード大学と、京都大学が共同研究したそうです。その結果、20年後には現在の人類の仕事の49％、約５割がなくなるというのです。

２０４５年頃までには、医者、旅客機パイロット、電車の運転士、清掃作業員、警察官、警備員、裁判官、弁護士、工場での生産活動など、すべての仕事がＡＩやロボットに置き換えられ、これらの仕事もなくなってしまうらしいのです。それをどう評価するかです。多くの人はきっと悲観するでしょうね。

しかし、僕は違います。18世紀後半にイギリスで産業革命が起こった時に、多くの労働者が仕事を機械に奪われてしまい、失業すると考えました。そこで、労働者たちは機械を壊す運動を始めたのです。しかし、実際は違った。逆に新しい仕事がドンドン増えた。

それと同じです。ＡＩが普及することによって、それに伴う仕事は新たに発生して増えてくるはずです。それが一体何なのか。今の僕には想像できません。それを今の若者は考え見つけるしかないのだと思うのです。ＡＩが広く使われ始めても、いくらでも人間がする仕事はあると思う。

いずれにしても、高度なＡＩ社会を生き抜くのは簡単ではないでしょう。しかし、そこを若者はよく考え、苦しみ、ただ流されるのではなく、主体的に答えを見つけていってほしいのです。

そういう観点からも、日本はいつまでも古いものに縛られていてはいけないと強く思います。

■松下幸之助の日本型経営はすでに限界

牛島　そこで、冒頭に言われた松下幸之助の日本型経営と、マルクスの資本論は通用しない日本型雇用論に戻ります。日本社会はいまだ壊れていないのでしょうか。だからこそ、壊さないといけないというのが、田原先生のお考えでしょうか。

田原　松下式を原点とする日本的経営が日本をダメにした。

牛島　ということですよね。

田原　だから、冨山和彦氏が日本的経営からどのように脱却するか、年功序列、終身雇用をどのようにぶち壊すかということを主張している。

牛島　ということは会社側から見れば、いつでも解雇できる形にしたほうがいいということですか。

田原　今ね、どこの企業もビジネスプロデュースということをやり始めている。電通はBP（ビジネスプロデュース）局で、新しいビジネスをどのように作るか探っています。

僕は堀紘一さんと仲がいいんだけど、彼は自分で新しい会社ドリームインキュベーターを作り、企業の事業創造などを支援してきました。つまり、ビジネスプロデュースを実現した男です。どのように新しいビジネスを作るのか。たとえば、トヨタ自動車に乗り込んでいろいろと指導して、そのトヨタ自動車はアメリカのシリコンバレーに人工知能の研究開発会社を作った。２０１５年のことです。その意味合いは深い。

牛島　そうすると、先ほど来の話で、失われた30年が、あと10年で止まるという可能性が大いにあると論じられている。しかし、その間の混乱、生みの苦しみというのでしょうか、それが相当ありますね。

■シリコンバレーの研究所で次の時代に向かっている

田原　トヨタ自動車も、パナソニックも三菱電機もみんなメインとなる研究所はシリコンバレーに行ってしまった。なんでメインの研究所が日本ではなくてシリコンバレーなのか。日本は残念ながら人工知能分野の研究者が育っていない。人工知能の研究ではハーバード大学、スタンフォード大学が世界トップクラスだからです。

一方、アメリカ企業の研究所は日本に一つもありません。

なぜか。日本は年功序列だからです。20代、30代の優秀な研究員でも年収はせいぜい１０００万円どまり。しかし、ヨーロッパや中国では３０００万円、４０００万円の研究員は普通です。さらに研究所が日本に来ない大きな理由は、日本の経営者が失敗を認めない点にあります。ところがＩＴ革命の時代というのは3回、４回の失敗は当たり前。失敗をしないと新しいビジネスが見つからないし、いいものは作れない。それを認めないから、日本に新しい技術開発は育たないのです。

牛島　田原先生がおっしゃっていることは、会社というものについてまったく新しい発想が必要だということですね。

私は、松下幸之助という経営者に対して非常にクリアなイメージを持っていました。会社というものは戦後、従業員と経営陣がいて、共同体として存在していた。

私は高度経済成長の時代と並行して生きてきたものですから、それが当たり前で、日本の会社はそれで、すごくうまくいっていた。そして、アメリカにテレビや自動車などをじゃんじゃん輸出していた。だが、冒頭で説明したように、それによってアメリカのテレビ産業、自動車産業が傾いてしまった。

それではたまらないということで、アメリカが円高を強いた。その後、日本がバブルになって崩壊して、その後のＩＴ革命にまったく乗り遅れた。しかし、今、なすことを知らない日本企業であるが、今後10年で再び、立ち上がる。あるいは起き上がるのではないか。ということを田原先生がおっしゃった。そうすると少なくとも、日本の会社組織の在り方は根本から変えないといけないわけですね。

■日本企業には「ゼロイチ」の発想がない

田原　例えば、こんなケースがある。パナソニックに勤めていた人が６、７年勤めた後、「この会社はつまらない」と言って辞めてしまった。つまり、上司の命令だけを聞かないといけないからです。

命令で、言われた物しか作れない。それで、その人は独立してベンチャー企業を作り、その後、従業員が１００人以上にもなる有力企業に成長した。そして３年前、パナソニックの幹部は、その男を連れ戻して関連会社の社長にしたのです。

どうしてか。ようするにパナソニックにずっといた社員はみんな、上司のいうことを聞く。ただ協調性だけで、ゼロイチの発想がない。

つまり、まったくゼロの状態から、新しい製品を作り上げる、もしくは新しい事業サービスに取り組むという姿勢がないのです。それでは将来、成長性が失われると経営者が危機感を覚えたからです。

牛島　田原先生、それは相当、日本人にとって難しいチャレンジですね。

田原　ゼロイチの発想がないから、企業は伸びていかない。いろいろな企業がいかに、その発想を作れるか。その必要性については、企業は分かり始めている。

牛島 今でも、小学生のころから受験勉強をしているのは、いい大学に入って大きな会社に入れば将来が安泰だろう、という幻想に基づいてやっていることですからね。

田原 それは、大間違い。だから、前出の人工知能の松尾豊教授は大企業に幸せはないのだと言っている。

■日本の大企業は衰退するのか

牛島 そうすると、大企業に将来性がないという話を現実のコンテクストに落としていくと、ベンチャー企業が次々と誕生していくことになり、そうすれば大袈裟な言い方をすると、これまで日本を支えてきた大企業は消滅すると。

田原 経団連会長の中西宏明さん（当時）もトヨタ自動車の豊田章男社長もそう言っているわけ。このまま行ったら日本の大企業はなくなる。だから、産業構造を抜本的に変える必要があるというのです。

牛島 その過程で、日本の会社はやはり、しばらくは衰退していくと予想されますか。

田原 いや、僕は日本人というのは変わるのが早いと見ていますから大丈夫です。

牛島　明治維新や戦後と同じですか。

田原　変えるということになったら、早い。長い間、日本は守りだった。今、変わり目になってきた。

牛島　そういう意味で田原さんは「失われた30年」を取り戻すということについては、楽観論者ですね。

田原　楽観論者です。

■政党の代表は女性にしろ！

田原　日本が劇的に変わっていくために、たとえば政治の世界なら、共産党の志位和夫委員長と立憲民主党の枝野幸男代表（当時）に何とかして野党連立政権を作れ、そして、作ったら代表は女性が良い。

牛島　そう、けしかけているのですか。

田原　そうしたら、二人とも大賛成。実はそのことを自民党の安倍さんと菅さんにも言っていた。ポスト菅は取り合えず男だろう。でも、その次は女性が良いと。それは二階さんも賛成なの。僕と親しい自民党の中堅の国会議員たちも、それでいいと言っている。

牛島　そうすると、日本は我々が想像しないような劇的な変化を遂げようとしているのですね。つまり、将来につながるような激動の時代になるというのが、田原先生の処方箋ですか。

田原　世界中を見ても女性がトップになると流れは変わる。サッチャーがイギリスを変え、メルケルはドイツを変えた。朴槿恵《パククネ》も韓国を相当変えました。それを当時、安倍さんや菅さんに言うと、「おっしゃる通りだ」といわれた。

牛島　そういう日本になっていくだろうと、それが今日の田原先生の処方箋ですね。

田原　そのようにしなければいけない。それで僕は、3年以内に変えないといけないと申し上げている。先日も二階さんに会って、3年以内に変えようという話になった。

牛島　3年あれば変えられますか。

田原　はい。総理経験者の菅さんに構造改革の提案をしろと言った。

■大問題は20年後、30年後の地球

牛島　そうすると今の、中高年の社員たちは大恐慌ですね。どうするのですか。

田原　中高年の社員の人たちが、どういうことになるかは、それぞれが考えればいいわけ

です。問題は40歳以下の若い社員です。

牛島　私も、後の世代というのは、バブルを知らない世代ということが念頭にあります。

田原　問題は20年後、30年後に、地球はどうなるか。大問題です。

牛島　具体的には環境問題がありますね。

田原　持続可能かどうか。実は２０１５年12月にパリ協定で、地球の温度が３度上がったら、人類は生きて行けないと発表され、２１００年まで１・５度までに抑えようということになった。そこで、ヨーロッパの先進国は全部、２０５０年までにCO_2排出ゼロを目指すとし、言わなかったのは当時、日本とアメリカだけでした。トランプ大統領はパリ協定から離脱し、いまのバイデン大統領は協定に復帰した。

それを知った当時の菅総理も、「日本は２０５０年にCO_2排出ゼロを目指す」と宣言したのです。実は２０５０年にCO_2排出ゼロにするためには、２０３０年までにどうするのかが焦点です。日本は46％の削減を目標にしました。しかし、専門家の方にいろいろと意見を聞いたら、実現はかなり難しいと指摘していました。

■原発政策で対立が深まる

牛島　そうすると、経営、会社を囲む環境が激変するということですね。

田原　そうです。2030年の環境問題の責任者に二階さんが就任したと発表されたので、僕は二階さんに会って、「あなはエネルギー問題は分からないだろう。どうやってやるのだ」と聞いたら、「実はその分野で優秀な元国土交通省の官僚に責任者をお願いすることにした」と。「でも甘利氏や額賀氏と相談したほうが良い」と提言しました。

そうこうしているうちに、今度は安倍さんたちが、原発の新設が必要だと主張し始めた。2030年までに原発が26基必要だと提案したのです。これに対して小泉純一郎氏や小泉進次郎氏が猛反発しましたが、菅さんが2030年に13年前と比べてCO_2を46%減らす方針を示したわけです。そのために原発推進派勢力と反原発派勢力が対立し、これからどうなるかという問題も浮上してきています。

■危機に対応できる経営者選び

牛島　そういう中での会社はどうなっていくのか。

田原　大企業の経営者はみんな危機感を持っているから、産業構造を変えることには賛成ですよ。

牛島　そうすると、そういうことに対応できる社長選びをしていかないといけない。

田原　だから、日本政府を中心に産業構造大転換を、まず5年ないし10年で実現してもらう。会社の役員の半分以上は外部の人間にして、3分の1以上を女性にする。そして、大事なのは3分の1以上の役員を50歳以下にする点です。もちろん半分以上の取締役は社外取締役ですから、そうなると社員同士のなれ合いはなくなる。

牛島　これは、日本にとっては戦争に負けて以来の大変動ですね。田原先生はずうっと戦後日本を見てこられて、それが今の日本の政界にできると考えられていますか。

田原　できると思う。できなければ、日本は潰れる。

牛島　できないで、潰れる可能性もある。

田原　菅さんも二階さんもやると言っているからきっと大丈夫だ。
　一番、問題なのは、今、政権支持率が低いことです。2021年の東京都議選も自民党は敗北ですよね。かつての自民党は、こうなったら、代わって俺がやるという人間が出てきたものです。

牛島　なぜ、それが出てこないのですか。

■政治の大変動も必要

田原　かつて岸信介首相が安保改定を目指し、1960年に新日米安全保障条約締結をやったら、国民から大反対されて辞任に追い込まれた。そうしたら池田勇人が出てきて次期総理になった。そして佐藤栄作が辞めたら田中角栄になる。田中が金権政治批判を浴びてダメとなったら、三木武夫と福田赳夫が大臣を辞めて、田中をぶっ壊すと宣言した。海部俊樹の辞任のときには、YKK（山崎拓、加藤紘一、小泉純一郎による盟友関係）が次期首相候補として浮上した。そして宮澤喜一辞任のときには小沢一郎が台頭したわけです。

牛島　そうすると、政治の混乱、大変動も伴って日本も大きく変わるだろうというのが、田原先生の読みなのですね。

田原　大変動が起きて変えないとダメです。

牛島　そうは言っても変わるかどうかは分からない。

田原　いや、変わる。自民党の中で、僕は変えるための勉強会を作っていて、働きかけています。勉強会では総理のポストに、次の次は女性首相誕生を狙っています。

牛島　それぐらい、ドラスティックに変わるか、それが今日のテーマでもありますが、「失われた30年、どうする日本」は、この10年足らずで変わるんですか。

田原　実は２ヵ月前に全政党の女性国会議員の勉強会を作った。どこもやろうとしないから、僕が設立した。全政党、具体的には自民党から共産党議員も入って月に一回、勉強会をやっている。女性の国会議員たちと勉強会をやると、自民党も共産党もそれほど違いはないことがよく分かる。

牛島　そうですか。

■地元選挙区では夫人の力が絶対

田原　というのは、国会議員で勉強会をやってビックリしたのは、男性の国会議員たちの地元は、みんな奥さんが守っているということです。森喜朗にしても、加藤紘一にしても地元は本人よりも奥さんのほうがはるかに、影響力が大きい。

　というのも東京で議員活動をしているから、地元は奥さんが活躍しているのです。山崎拓（自民党幹事長などを歴任）という男が「週刊文春」で大スキャンダルが報じられたことがある。その時、僕はちょうど福岡に行って山崎さんの講演会で挨拶をしました。僕は

「今日は山崎さんを応援しに来たのではない。一番、怒っているのは奥さんだ」と。その奥さんが頑張っているから、「僕は奥さんを応援しに来た」と申し上げた。そして「奥さん、壇上に上がりなさい」と言った。

牛島　それが、日本全体の風景となるとおっしゃっているのですね。

田原　それで、僕は山崎さんに「みんなの前で、奥さんに謝罪しなさい」と言うと、山崎さんは深々と頭を下げ、最敬礼をして「申し訳ない」と、みんなの前で奥さんに謝罪したのです。で、僕はそんなのでは済まない。僕は「奥さん、みんなの前で、この男をぶん殴ってくれ」とまで強く言った。そして、奥さんは手を挙げたが、みんなのいる前で、夫である山崎氏に抱き着いた。

政界では、すでに裏方で女性が大活躍しているということです。

■組合も変わらないといけない

牛島　そのお話は、昔のことだと、田原さんはおっしゃっているけれども、田原さんに見えているのは、この5年、10年以内に日本で起きることを指摘しているわけですね。そうならなかったら、日本は潰れるだろうと。

田原　それは、自民党をはじめ多くの議員も企業経営者も分かっている。

牛島　先ほど、取締役の半分は外部の人間にしろ、３分の１は女性だ、それから50歳以下も３分の１。それで会社は変わるだろうと。

田原　それから、僕は連合の会長にも会おうと思っている。どうも今の労働組合は間違っているとと思うからです。

　いまの日本の労働組合の第一の目標は会社をつぶさないことですね。

牛島　社員を守ることですからね。

田原　しかし、それは違うだろう。アメリカは産業別労働組合、あるいは職業別労働組合です。それに対して日本は企業別労働組合。こんなのはダメだと、連合の会長に会って、労働組合の体質を変えろと言うつもりです。

牛島　そういったところも含めて、すべてを巻き込んでいく。そうしないと、「失われた30年」の解決にはならない。

田原　なぜか、そういうことをみんな言わないね。何でだろうね。ただ批判すればいいと思っている。

牛島　みんな利害関係に手足を絡めとられているからではないですかね。たとえば、大企業の部長であったらその立場、また役員になる手前の人はその立場があって、上司を批判しない。

田原　だけど、定年になったら終わりだからね。

牛島　地面がグラグラ揺れているのに気がつかないでいるから、もっともっとゆすって、日本の再生を図るしかない。

田原　だから、経営者はみんな分かっている。２０２１年６月に他界された経団連会長の中西さんは、僕の構造改革に大賛成でした。

牛島　中西さんだったら分かっていた。

そういう大きな変動に日本が耐え抜けるかどうか。耐えられなかったら日本は本当に滅びます。だけど、日本ならきっとうまく行く。切り抜けられるということですね。

田原　日本は変わるのが好きだからね。

牛島　変わりだすと早い。

田原　その通りです。

■スキャンダルを放置させない体制に（小選挙区制の弊害）

牛島　ぐるっと話は回りましたけど、原因を伺い、そして処方箋、解決策を伺ったという気がします。

田原　経営者はみんな危機感を持っているからね。

牛島　しかし、最近の事件を見ていると、危機感を持っていない経営者も大きな会社にいるような気がします。

田原　そのことを安倍さんのスキャンダルの話と関連して言うと、安倍さんが大失敗をした原因は何かというと、実は選挙制度にある。中選挙区制から小選挙区制に変わって、小泉内閣から、マネースキャンダルがなくなった。その後、発足した安倍内閣にもなかったが、その代わりに「森友、加計の問題」が発覚した。

その対策を自民党内ではやらなかった。「桜を見る会」も同様で、大変だという認識が自民党内にはあったが、それを問題にする議員はいなかった。なぜなら、前でも触れたが小選挙区制になって、党が公認するかどうかの決定権をもっているから議員は声を上げられなくなってしまった。

それで僕は、ある官房長官経験者に「今の自民党は腐っている」と訴えた。そして安倍内閣から、公文書のたぐいが黒塗りになって世間に公表された。とんでもないことだ。もっと言うと、決裁文書を改ざんするとはけしからんと言った。

こんなものは黒塗りにせず、ちゃんと再検査したほうがいい。「桜を見る会」の招待メンバーを隠す必要はまったくない。当時、総理だった菅さんに僕は「衆議院選挙の前に公文書のたぐいは全部、保存して、国会で請求されたら、すぐに開示できるようにしたほうが良い」と申し上げた。菅さんは「それは抜本的にやります」と言いました。

牛島　なるほど、それも大きな変革、大変動ですね。

(2) 日本人の危機感が原動力に

■若者にはもっと勉強してもらう

牛島　これまで田原先生のお話を聞いてきて、視聴者からの質問をたくさんいただいています。お答えいただきながら、より深く考察を進めたいと思います。

まず、世界経済の流れは速い。成功体験がなくても、企業は思いきって若手にトップを譲るべきではないか、という意見がありますが、いかがでしょう。

田原　若手に譲るべきだと思うが、そういう優秀な若い人がいるかという問題がある。だから若い人たちにもっと勉強をしてもらう必要があります。自民党などの政治家も同じ。若い議員に勉強をさせて育てないといけないでしょう。

牛島　それは何年くらいかかりますか。

田原　そんなにかからないと思うよ。数年でしょう。

牛島　そうすると、企業でもまず若手がトップになれるようにしなきゃいけない。つまり、それはガバナンスのなかでも、外部の取締役が、若手社員がそうしているかよく見ていないといけないことにつながりますね。

田原　ようするに、役員の3分の1は50歳以下にしろ。半分以上を社外にしろという主張につながっていきます。

■野党がだらしのないのは、なぜですか

牛島　分かりました。次に別の角度からの質問ですが、どうしてこんなに野党がだらしがないのだろうか。もうひとつは、中選挙区制のほうがよかったのではないか、という質問です。

田原　一昨年の秋に共産党の志位委員長と立憲民主党の枝野さんに、野党の国会議員がダメなのは、自民党を批判したらそれで当選してしまうことだ。自民党の批判以外に、自分たちの政策は何も考えていないから「万年野党」と言われてしまうのだ、と申し上げた。

つまり、多くの日本国民は野党にまったく期待をしていない。具体的に言うと、野党は政策において「アベノミクス」批判ばかりをしていた。そんな批判を国民はもう聞き飽きた。自民党議員の連中もアベノミクスが成功しているとは必ずしも思っていない。どうし

ていいか分からないから、みんな困っている。だから、野党が本気で政権奪回を狙いたいのなら、アベノミクスの政策はここが間違いで、それに代わるビジョンはこれだと具体的に示せということになります。

■なかなか変えられない選挙区制度

牛島　選挙区制の問題について、もう少し詳しくお話ししていただけますか。

田原　前にも触れましたが、失敗したのは後藤田正晴氏が中選挙区制はどうしても金権政治になる、小選挙区制にすべきであると主張して、それを実行した。そうしたら、それが大失敗だった。金権政治抑制の部分にはプラスになったが、結局、小選挙区制は党執行部が立候補者を絞り、党が公認しないと選挙に勝てないから、みんな執行部のイエスマンになってしまった。

実は第二次安倍政権で最初の幹事長だった石破茂氏に、やっぱり小選挙区制はダメだと申し上げた。中選挙区制に戻したらいいのじゃないかと。そうしたら、石破氏は確かに田原さんの言うとおり、今の自民党は安倍さんをはじめ執行部の悪口は言えない。小選挙区制は選挙でカネがかからないが、それ以上の弊害があったという。

次の幹事長だった谷垣禎一氏に対しても選挙制度を変えるべきだと主張したら「変えます」と言ってくれた。その2カ月後に谷垣氏に会ったら、「田原さん、困った」というのです。野党も与党も今の選挙制度で当選しているから、選挙制度を変えるのに、野党も与党も反対なんだという。

牛島　せっかく議員の椅子があるわけですから、そうなりますね。椅子をどけてもらったら困る。

田原　そこで、僕は谷垣氏に「何とかしろよ」と言っていたのですが、そうこうするうちに谷垣氏は自転車事故を起こして辞めてしまった。これは大問題です。

牛島　お答えは大問題というところまでですね。

田原　今はそうだけど、僕はまだ変えさせようと思っている。小選挙区でも比例代表制をなくしてはどうかと思っている。

牛島　完全な小選挙区制に、イギリスのようにするわけですね。

■中国に進出している日本企業は撤退すべきか

牛島　次の質問ですが、米中対立が深刻化しているなか、中国に進出している日本企業は今後、撤退を考えたほうがいいのでしょうか、というものです。

田原　その前に、日本政府は中国に主張すべきことは、ちゃんと言う必要がある。僕は習近平が胡錦濤政権の末期、国家副主席だったころですが、会ったことがあります。30分ほどでしたが、なかなかジェントルマンだったというイメージを持ったものです。

彼が中国の代表になれば、中国は自由化に向かうのではないかと期待した。ところが逆になってしまった。当時、習近平に会った朝日新聞の舟橋洋一氏、中国大使に就任した元伊藤忠商事の丹羽宇一郎氏にしても、習近平が国家主席になれば、中国は民主化するのではないかと錯覚した。

で、僕は今、習近平は民主化、自由化などと言ったら殺されると思っているからではないかと思う。このままで、中国はうまくいくと思わない。

牛島　習近平氏は床の上で死ねないのではないかという見方が出ていますね。

田原　だから、実はちょっと前から二階さんにコロナが一段落したら、二人で中国に行って、習近平に会おう。そして対談をやろうと言っている。

牛島　それは素晴らしい。

田原　そうしたら最近、二階さんが、その前にアメリカに行ってバイデン大統領に会うことにしようと言う。僕はやってほしいと期待している。

牛島　なるほど、それは田原さんの言われる日本を大きく変えるという重要な懸案の一つなのですね。

■習近平が一番、信頼している政治家

田原　習近平氏が日本の政治家で一番、信頼しているのは二階さんだからね。二階さんの言うことはある程度、聞こうと思っているでしょう。

牛島　習近平氏の中国というのは、一部の専門家の見方と違って安定しているとお考えですか。

田原　いや、安定していないね。実は習近平が国家主席になって、アメリカに行って当時のトランプ大統領と会談した。トランプ氏はすっかり習近平を気に入って、北朝鮮問題を中国とアメリカの二カ国で解決しようとしたことがあった。

そうなっては日本の立つ瀬がない。それで当時、安倍総理から「田原さん困った」と連絡があった。このままではまた、日本はアメリカに「出し抜かれてしまう」というのです。それで僕は「習近平が一番、信頼している日本の政治家は二階さんしかいないから、すぐ

に二階さんを中国に送れ」と進言申し上げた。そして二階さんを実際、中国に派遣したのです。そして、二階さんは直接、習近平に会った。習近平が二階さんに対して「日中はとても大事な関係だから」と発言したというのです。その報告を受けた、安倍さんは安堵したようです。

実は訪中する前の二階さんに、僕は「どうせ、中国に行くのなら、帰りに韓国によって、文在寅大統領（当時）に会って来たらいい」と提案しました。実際、二階さんは韓国の文大統領にも会ったのです。今でもそうですが、当時も日韓両国の間には従軍慰安婦問題が横たわっていて険悪な関係にあります。その問題について二階さんは、文大統領に対して一言も言及しなかったのです。そうしたら、逆に文大統領は二階さんにいろいろと頼んできたらしい。

そして、安倍政権末期のことになりますが、幹事長を変えるかどうか安倍さんが迷っているときに、僕が「中国問題と韓国問題は二階さんが必要だ。だから二階さんを続投させるべきだ」と言ったことを覚えています。

牛島　それで、続投となったわけですね。

■東芝問題の影響度

牛島　続いて最近、世間を騒がせた話をお伺いしたい。それは東芝と経産省の問題です。新聞報道などによると、経産省が海外投資家の議決権行使を妨げたという話です。

これはコーポレートガバナンスの会社経営のあり方、株主やその他のステークホルダーの立場からすると許されないことだと思うのですが、この点についてはどうお考えですか。

田原　東芝は7年間、粉飾決算をやっていた。中堅以上の社員なら粉飾決算は分かっていたと思う。東芝の社員たちに、何で粉飾決算を上司に「ダメだ」と言わないのかと聞いたら、「それを言ったら間近いなく左遷だ」と言うのです。

どうして東芝が粉飾決算をやり始めたのかというと、その発端は東京電力の福島第一原発の事故です。この事故以来、世界各地で原子力発電所をつくれないことになったのです。実は東芝は、2006年10月にものすごい高値でアメリカのウェスチングハウス（アメリカの原子力関連企業）を買収しました。なぜ買ったかというと、アメリカで東芝は原発を建設しようとしたからです。

牛島　それは、経産省と相談の上でした。

田原　そうです。アメリカで原子力発電所をつくれると東芝は思った。そうしたら、アメリカで原発をつくれなくなってしまった。だから、原子力発電事業が大きくつまずき東芝は大赤字、どうしようもなくて、これが粉飾決算のはじまりです。

牛島　それで一連の改革があってよくなっていたはずの東芝が、今度は株主の議決権行使でまた、問題を起こしたという指摘がされている。東芝の議決権行使の問題は、海外の投資家からすると、とてもシリアスな問題となっています。

田原　それは、やっぱり日本の社員たちは正論が言えないという深刻な問題として依然としてありますね。

牛島　そうすると、先ほどの終身雇用の話に結びつく。

田原　だから、この間も三菱電機が「検査不正」の問題を起こし社長が辞任しました。あいう不祥事が社内で起きていたことを社長は知らなかったのではないか、と言われている。だけど、30年以上も前からやっていたのだから当然、責任を取らざるをえなかった。

牛島　いや、知っていたかどうか私は分かりませんけど、少なくとも1985年からやっていたことは確かなようです。日本の会社のやり方というものが、根本的におかしいところがある。それを変えるのは単に個々の会社の対策だけでは治らないと思うのです。

田原　でも変えなかったら日本の会社はダメになるし、日本経済もダメになる。

■調子がいい日立製作所、そのわけとは

田原　もう一つ、経団連会長だった中西宏明氏は年功序列中心の雇用制度を変えようとした。中西氏が社長をしていた日立製作所は調子がいい。

牛島　そうです。日立と三菱電機はまったく対照的になってしまった。

田原　三菱や東芝はダメだけどね。

牛島　したがって、日立の経営方式に方向を変えるように舵を切りさえすれば、日本の会社は力を取り戻して、日本経済は「失われた30年」が40年、50年にならずに済むというのが、今日の結論ですね。

田原　中西氏は死ななければ、それをやろうとした。残念でならない。

牛島　本当に悔しかったでしょうね。

田原　枝野氏や志位氏よりも中西氏はラジカルだったよね。

■どうして経済成長が必要なのか

牛島　もうひとつ、こういう質問があります。

経済は成長しなければいけないという発想自体がおかしいのではないか。地球環境改善という観点から考えると、ゼロ成長が一番、いいのではないかという指摘です。

田原　多くの経済学者は、このままだと世界の資本主義経済は行き詰まってしまうと言い始めた。そこで、どうするか。

日本でも資本主義はいよいよダメになってきたということで、大阪市立大学准教授の斎藤幸平氏などが新しいことを言い出している（『人新世の「資本論」』）。こういう学者たちの主張に対して僕は大きな疑問がある。

やはり、資本主義には悪い点はあるけど、それを凌駕するぐらい良い点がある。それを見逃している。具体的にというと斎藤幸平氏の主張には「競争」がない、それが問題だと思う。

実はね、僕は若い時から素晴らしい政党は共産党しかないと思い込んでいました。敗戦まで、共産党は戦争反対だったからね。委員長の宮本顕治などは終戦まで刑務所に入っていました。共産党はアメリカの駐留軍を解放軍と言っていた。
だから、僕はその共産主義国家で、ソ連が世界で一番、素晴らしい国家だと信じていたのです。本当にそう思った。

■自由のない国家は人を幸せにしない

田原　そして1965年に世界ドキュメンタリー会議がモスクワで開催され、日本ではなぜか、僕が代表に選ばれ招待された。僕にとっては初めての海外で、訪問する前まではソ連は夢のような国家だと信じていました。その前年にソ連ではフルシチョフが失脚しましたが、もともとフルシチョフはスターリンを批判して登場したと、日本で言われていました。

そこで僕はモスクワに行って、ドキュメンタリー会議の主催者にモスクワ大学の学生たちとディスカッションしたいと、申し入れました。許可が下りて学生15人を選んでくれてモスクワ大学でディスカッションをした。そこで、キューバのカストロの話から初めて、なんでキューバ革命は成功したのか聞いた。そして最後にフルシチョフはなぜ、失脚したのかを学生に質問したのです。

当然、僕は学生たちから答えが返ってくるものと思っていました。そうしたら、学生たちはみんな顔面蒼白になって唇が震えだした。それで主催者が「そんなことを聞いたらダメだ」と僕を怒鳴り散らしたのです。僕が5週間ソ連に滞在して分かったのは、この国には言論・表現の自由がまったくない。それがどんなに窮屈で、苦しいことなのか身に沁みて分かったのです。

■競争がなければ成長もない

田原　なぜ、この国には自由がないのか。それは取材して分かったことです。ソ連は平等を大事にしています。競争があると当然、格差が起こる。だから、ソ連の社会では平等を守るために、競争が禁止なのです。

それでは、競争が禁止なのに、何を目的にしてソ連の企業は生産活動を続けて行くのか、という疑問がわきます。ゴルバチョフ政権のときも僕はソ連を取材したことがあり、ようやく理解できたのです。「競争」に代わるもの、それは「ノルマ」だったのです。

たとえば、ソ連のトラックメーカーは、大型で重いトラックばかりを生産しています。トラックは重いから、幹線道路しか走らせることができません。農道に入ったら道路にタイヤを取られてしまうのです。だから農作物を詰め込むためには、大型トラックが止まっている幹線道路まで小さなトロッコで運んで積み替えて輸送しているのです。実に不便極まりない。

では、どうしてソ連のトラックは重いのか。それはノルマが年間、鉄をどれだけ使うかで決まるからです。ノルマを達成するためには、少しでも重いトラックを生産しなくてはいけないのです。

牛島 そのノルマ達成という目的に沿ったものをつくるから、鉄を大量に使うわけですね。

田原 ようするに、使用者のニーズやサービス向上、そんなことはまったく考えていない。

牛島 競争ということを田原先生はご指摘されましたが、成長と競争が、重なり合っている。競争のないソ連は成長のない経済となる。

■自由競争を認めた中国は発展した

田原 そう、競争があれば経済は発展するが、ソ連には競争がなく、ノルマだけがある。だから、ソ連経済はダメなのです。

ウクライナ戦争でロシア経済は疲弊していますが、ソ連時代から経済発展を遂げることはもともと無理だったのです。そしてソ連は言論の自由がありません。言論の自由がないと新しい発想は出てきません。

中国も、毛沢東時代は競争禁止でした。その後、最高指導者となった鄧小平は「改革開放路線」を推進して競争を認めるようにした。だから、中国経済はすざまじい勢いで成長し、ロシア、そして日本も抜いて世界第二位の経済大国となったわけです。経済が豊かになれば、飢えることはなく、生活は安定します。それができない「競争」のない社会主義、共産主義は人を幸せにしない、それが僕の言いたいことなのです。

中国の若い能力のある人たちはみんなアメリカに留学します。アメリカに行って、自由のあるデモクラシー国家を体験するわけです。

アメリカに留学した中国の若者はアメリカで活躍しようと思えば、それができる。しかし、アメリカで学んだあと、中国の若者はみんな中国に帰国します。なんで、言論の自由がなく民主主義国家でない中国に帰るのか。僕は不思議に思った。それは、アメリカは競争が激しく、成功するのが難しいからだというのが理由です。

中国のほうが競争が少なく、「改革開放路線」が続いていた局面では、自由に事業を展開することができて、成功する確率が高かった。資金も中国のほうが多く集まった。ハッキリ言えば、中国共産党を批判しなければ何でもできたようです。しかし、習近平が3期目に突入すると「改革開放路線」は終焉に向かい、状況は厳しくなってきたと聞いています。

牛島　そのへんは非常に意味の深いご指摘ですね。

田原　そこが難しいところです。中国企業の経営者たちは国を変えたいと希望しているが、そうならない。

牛島　日本のような国に変えるべきだという考えはない。

田原　それは、ないですね。というよりできない。

■監視社会で、どうして中国国民は平気なのか

牛島　先ほど来、いろいろと言われてきたことは、自由な日本が魅力だということですね。

田原　中国に自由がないことは当然として、中国にはプライバシーもまったくない。監視国家ですよね。日本やアメリカにはプライバシーはある。プライバシーがないのに、中国国民はどうして平気なのか。

牛島　何でですか。

田原　たとえば、街中に監視カメラがあるでしょう。だからプライバシーがありません。でも、犯罪などの防止にもつながる。プライバシーと安全とどっちを選ぶかという話になるのです。

牛島　それで、どちらですか。

田原　中国では安全を重視する人が多い。そこが大事な問題です。

■日本で緊急事態宣言が遅れた理由

田原　2020年1月末に日本でも新型コロナ感染症が広がって、安倍さんが4月に緊急事態宣言を発出した。アメリカやヨーロッパに比べて日本は2カ月以上遅れましたが、なぜ遅れたのかを僕は安倍さんに聞きました。すると、「緊急事態宣言を発出すると人権を抑えないといけなくなり、プライバシーが守れないからだ」という説明が返ってきた。

それ以上に大きい問題は日本の財政が先進国の中で一番、悪いことがある。緊急事態宣言を発出すると100兆円や200兆円のカネが必要になる。すると財政の悪化が加速する。野党はもちろんだが、財務大臣も公明党、マスコミも全部反対した。

日本は戦後、戦争をしない国家になって、有事などない国になった。多くの国民は有事はない国だと思っている。

牛島　これは、大きな問題になりますね。

田原　緊急事態宣言の発出に関して、さらに大きな問題があった。安倍さんは緊急事態を宣言したが、日本以外の国家では緊急事態宣言に違反したら罰金があり、逮捕される。ところが日本では罰則規定がない。「なんでないのか」と問うと、安倍さんは「そんなことをやったら、政権は持ちませんよ」と説明した。さらにその後、「日本人は政府の言うことをよく聞いてくれる。だから罰則規定はいらない」と。これが真相です。

牛島　それはそれで一つのやり方だったと、今の時点でお考えになりますか。

田原　そのへんが曖昧なんだよね。

牛島　曖昧は日本の強みだとお考えになりますか。

田原　これまでは強みだった。しかし、これからはどうなのか、そこのところを、詰めなければいけない。つまり、アメリカがパックス・アメリカーナ（アメリカが中心になった国際秩序）をやめたからね。

■日本は大変動の時代に突入する

牛島　なぜ、日本が「失われた30年」になったのか。それは解き明かされた。そして、これからどうなるのか、お話を聞いていくと「失われた40年」にはならない。なぜなら、日本には大変動ともいうべき改革の嵐が起きるからだと田原先生はご指摘された。そして大企業の経営者もそのことをみんな分かっている。

私はそこで「分かっていない方もいるのではないですか」とあえて東芝問題のことに触れたわけですが、そういうことにも、田原先生は答えを出してくれました。

田原　三菱や東芝はダメで、中西氏の日立はちゃんとやっていた。

牛島　そうですよね。したがって外部の取締役を半分にしろと主張された。

田原　そうです。半分以上にする必要がある。

牛島　半分かどうかその点が私は重要だと思うのですが、女性は3分の1。若手を3分の1。私はその急速な変革は今後、日本をどのように立ち直らせるのか。それについて田原先生からいろいろお話を伺いました。

田原　この問題について竹中平蔵氏と冨山和彦氏、自民党の斎藤健氏、村井英樹氏と話し合って、どうするか構想を作ろうと思っている。

牛島　楽しみですが、今の500兆円ある日本のGDPを、どのように舵を切って増やしていくのか、楽しみでもあり、心配でもあります。いかに日本が変革を行い、危機を乗り越えるのか。日本には乗り切らなければならないという強い思いがある、というのが田原先生の考えでした。

田原　政権トップがやると言っているのだから、大丈夫です。

牛島　日本国民の大多数が、やっぱり田原さんのいう処方箋を苦くても呑まなければいけないのだと思います。

田原　だんだん、そう思い始めている。というのは、このままだったら20年後、30年後、地球が持たないということが、みんな分かり始めてきた。

牛島　なるほど、環境問題ともかかわっている。

田原　2021年に記録的大雨になった熱海で土石流災害が発生しましたが、あんなことはあちこちで起きるだろう。いままではなかった。その前年には熊本で記録的豪雨から大災害が起こっている。

いままでは地球環境を考えるのは、損だと思った。そんなことは儲からないから。でも、やっと考えられる時代になった。

牛島　日本は変わりますね。失われた40年にはならないと、田原先生に断言していただいたのは本当に素晴らしいことだと思います。

第3章

社会の「富」は会社が生み出す

(1) 会社の命運を決める社長は誰が選ぶのか

■米英にある二大政党制が日本にない悲劇

田原　日本の「失われた30年」に、ビジネス界が大きくかかわっている。

牛島　当然です。

田原　日本など西側諸国のビジネス界は自由主義のもと完全に自由競争が保証されています。

ただ、「競争の自由」を認めると当然、貧富の差が激しくなる。競争で勝つのは1割にも満たない。その一方で9割以上が敗者になってしまう、という問題が発生する。

アメリカでは、自由主義を強調するのが共和党で、その共和党が政権を握ると、貧富の差が非常に大きくなる。そうすると、国内では不満が爆発する。

そこで、次の選挙では民主党が勝って、民主党が政権を握ることになる。民主党政権は競争をさせないために、いろいろと規制を設ける。そして、競争に負けた9割の人間を救うことを目的に、思い切った社会福祉政策を取り入れる。そこで、格差に伴う不満はいったん収まるのだが、規制を強化すると経済活動が停滞して、悪くなる。すると次は、再び共和党が政権を握ることになります。つまり自由主義経済と規制主義経済と交互にやってくる。イギリスも保守党と労働党で同様だ。

それが、うまく循環して、経済のダイナミックさを失わずにいる。その点、牛島先生はどうお考えですか。

牛島　次はどうなるか、まずは田原先生に伺えればと思っています。

田原　タネ明かしをすると、実は日本の政界では共和党と民主党の両方ともないのです。つまり、自民党の政策は一見すると自由主義で、自由競争を貫いているように見えますが、社会保障や規制などに傾斜して、実態は社会主義政党ではないかと指摘する学者もいるほどです。自民党の中に両面があるので、アメリカやイギリスのようなダイナミックな経済的な展開がありません。

■求められるダイナミックな経済的展開

牛島　日本は総じて戦後、自民党が政権運営を行ってきたのですが、田原先生の現時点での総括として、これまでは良くやってきたけれど、これからは難しいぞ、というお考えですか。

田原　日本経済は、平成に入ってからダメになった。その原因はハッキリしている。前に触れましたが、1980年代、中曽根内閣の時代には、「ジャパン・アズ・ナンバーワン」といわれて、日本経済はアメリカに次いで世界二位だった。日経平均株価が史上最高値をつけたのも、1989年末。

牛島　そしてバブルの崩壊は遅く考えても1991、92年で、それが深い傷となったのが1997年です。

田原　しかも、96年にアメリカはインターネットを開発する。それが第三次産業革命、IT革命とつながったが、日本は不況のさなかにあって、まったくこの第三次産業革命、IT革命という大きな流れに乗れなかった。

牛島　さて、そうすると結論じみた話になってしまいますが、ではこれからの10年どうなるのですか。

田原　どうするか。それが、日本における今や最大の課題です。

牛島　ズバリ、どうすればいいとお考えですか。

田原　くり返しになりますが、先日、経営共創基盤（ＩＧＰＩ）グループ会長の冨山和彦さんと話し合う機会がありました。閉塞感の強い日本経済を立て直すには、①年功序列、②終身雇用制、③社員の中から次期社長を出す、この三つを廃止すべきだと言っていましたね。その意見に僕も大賛成です。

牛島　冨山さんとは私も直接、お話を伺うことがありました。きわめて示唆に富んでいる経営者で、冨山さんご自身はオムロンやカネボウ、パナソニックの再建や社外取締役として実績をお持ちです。それがどのくらい日本の会社全体に影響を与えることができたのか。それについて田原先生はどのようにお考えですか。

田原　残念ながら、まだまだ全体の動きとはなっていないと思う。

そして問題は、安倍晋三氏が２０１２年に第二次安倍政権を作った時、日銀の黒田東彦総裁と組んで異次元の金融緩和を実施したが、思うような成果を達成できなかったことにある。ご承知の通り日銀はカネをガンガン刷って思い切った金融緩和をした。これで日本は内需を拡大させて再び経済成長を取り戻すと、言い切った。ところが２０１８年、安倍さんが3選したとき、日本はまったく経済成長をしていないし、内需拡大もしていなかった。

■進展しない日本再生プラン

田原　それで、安倍さんが僕に「日本経済はまったく成長していない。どうしようか」と話した。そこで僕は２０１８年に、日本再生のプロジェクトチーム（当時の西村康稔経済再生担当大臣を中心に自民党議員の齋藤健氏や村井英樹氏をキーパーソンに経産省、財務省、厚生労働省の30代後半から40代初めの優秀な若手官僚を集めた）を立ち上げて、日本の産業構造と日本企業の経営を抜本的に変える改革プランをまとめ上げたのです。

　その改革プランの具体的な内容は冨山さんが言っているように、年功序列、終身雇用を全部廃止する。それを日本政府に提唱してもらおうとしたら、安倍さんが途中で総理を辞めてしまった。

牛島　それで今、岸田文雄さんが首相になりました。

田原　僕は岸田さんにも再生プランをやるべきだ、と言っています。

牛島　岸田総理が力を入れているのは「新しい資本主義」ですね。

田原　しかしね、安倍さんと違って岸田さんはリーダー力がないように思う。周りからの反対意見も強い。今、どうしようか、揉めているところです。

■このままでは「失われた40年」になる

牛島　私は岸田さんはやると思っています。私は田原先生のお話を伺って改めて思い出しました。私は疑問として申し上げるのですが、「失われた30年」は「失われた40年」になるのでしょうか。

田原　このままいけばね。

牛島　私も日本はこのままいけば、「失われた40年」になると思っています。そうなるのではないでしょうか。

田原　早い話がこの30年間、ヨーロッパの先進国やアメリカもそれなりに経済成長してきた。ところが日本はまったく成長していない。30年前、日本人労働者の平均賃金は韓国の2倍あった。それが今では韓国に抜かれてしまった。なぜ、こうなったのか。どうすればいいのか、大問題ですね。

牛島　処方箋は何かありますか。

田原　日本の会社が大きく変わることしかないと思う。

牛島　だから、私も日本的経営を抜本的に変えないといけないと考えています。これはよく分かる。
私は日本の戦後から「失われた30年」までの歴史に関わることなので申し上げるのですが、財閥解体後、日本の会社は上場会社といいながら、幹部社員の協同組合的な組織になっていました。したがって、株主が社長、経営者を選ぶのではなくて、経営者が株主を選んできた。会社に関係の深い人たちを株主に選んでいく。それが、株の持ち合いです。そういうやり方で、うまくやってきたのです。それが、「ジャパン・アズ・ナンバーワン」につながっていく。

ところが、田原先生の指摘に戻るのですが、1985年にアメリカの日本叩きがはじまり、日本の会社はさまざまな規制を受けることになり、国内工場の海外移転を始める。そして、国内の経済がバブルになり、それが当然崩壊します。崩壊した後、1997年に日本では大きな金融事件がいくつも発生しました。それから30年も経過しましたが、まだ、どうしたらいいか、日本人全体にコンセンサスができたと思えません。その点は、どうですか。

■労働組合と経営者の思いは一緒

田原　ひとつ、日本企業にとって大きな強みは労働組合でした。日本の労働組合は企業別労働組合です。だから組合の幹部ほど、一番の目標は企業を潰さないことになる。つまり、労働組合と経営者は同じ思いなのです。目標が一体化していた。

そして、問題はバブルが弾けて、大不況になった時、日本的経営者は労働組合と同じで、社員のリストラができなかった。クビにすることが、まったくできないのです。それで日本企業としては大不況になって、何とかリストラが可能な人間を雇いたい。

そこで登場したのが非正規社員です。80年代には非正規社員はなかったが、90年代に入って企業はガンガン、非正規社員を雇う。その時の問題は、労働組合だ。労働組合は正社員を守るのが労働組合だと思っている。非正規社員を増やすことに、まったく異論も反論もしなかった。

牛島　そうです。ある意味で、当時の政権が大変、賢かったともいえます。それを受け入れた大企業側も賢かった。

実は私、コマツで会長をされていた坂根正弘さんと対談をさせていただきました。坂根さんがアメリカで責任者をしていた時の話です。解雇が容易なアメリカで、不況が襲ったのですが坂根さんは人員整理を避けて、草むしりをさせて、次の好況まで乗り切りました。地元の住民から喝采を浴びましたが、その結果、坂根さんが直面したのは、好況で設備投資が必要になった時、投資に躊躇せずにはおられなかった自分の姿でした。アメリカ工場で雇用拡大に踏み切ることは、また到来するであろう次の不況を考えれば困難だっただろうと容易に想像できます。

そうした坂根さんですらコマツは倒産するのではないかと、危機意識を持ったことがあったそうです。そして正規社員を「泣いて馬謖《ばしょく》を斬る」、断腸の思いで、社員2万人を1万8500人にしたとおっしゃった。そしてコマツは、非正規社員に頼るようになった。だけど、坂根さんは「非正規の社員にできるだけ、正規になっていただかなければいけないと、努力している」とも言われた。

■業績の振るわない中小企業は消えるしかないのか

田原　そうは言っても、今や非正規社員は全体の4割ですよ。そして女性は65%が非正規社員です。

牛島　非正規社員の問題と、それに重なるように存在している中小企業も問題ですよね。企業別組合で守られていたのは、実は大企業の話であって、中小企業にとっては企業別組合、あるいは会社による終身雇用という制度は実質的に意味がなかった。

田原　つまり政府にとっても労働組合もそうだが、一番の目的は企業を潰さないこと。だから経営が悪くても、中小企業はなるべく援助して倒産させないようにしてきた。

評論家でもあるデービッド・アトキンソン氏（小西美術工藝会長）は最近、経営者に能力がなく、業績の振るわない中小企業は思い切って潰せと言っている。日本で生産性が低迷しているのは中小企業数が増えているからだとして、「大きくなれないような、中小企業は消えるしかない」という主張をしているね。

■社会の「富」を生み出すのは会社しかない

牛島　私はですね、結局、社会の富を生み出すものが会社である以上、いろいろな問題はあると思いますが、中小企業も含めて、すべての出発点は経営者がどうするか、だと強く思っているのです。会社という組織、モノは「経営者しだい」、これは間違いないと考えています。すると、どういう経営者を選べばいいのかということが、非常に重要になってくると私は考えているわけです。

そこで、非常に面白くてずっと忘れられないのが、伊藤忠商事会長CEOの岡藤正広さんが、日本経済新聞に寄稿されたコラムです（以下参照）。つまり、経営者の任命、選択、後継者をどう選ぶか。これは実際の社長が全責任を持ってやるしかないのだと主張された。会社のことが分かっているのは社長しかいないのだから、それがベストだとおっしゃった。もちろん、社長は社外取締役の意見は聞く。ただし、自分(社長)が任命責任を負うのだという思いで決定するしかない。もちろん、自分(岡藤さん)はそうしてきたと述べました。

《社長の決め方》

伊藤忠商事会長CEO　岡藤正広

次の社長をだれに託すか——。その判断は、経営を預かる身として重大な責任を伴う。会社や経営者によって色々な判断基準があると思う。ここで指摘したいのが、指名委員会等設置会社のことだ。いわゆる「経営の執行と監督の分離」を促すため、日本では2003年に導入された。昨年8月時点で、77社の上場会社が採り入れている。

経営陣による独善的な人事を防げるとあって海外投資家などには受けが良い。ただ、どうだろうか……。業績などの面でその効果が発揮されたという例は少ないように思う。なぜだろうか。

普段は経営に携わらない委員会が経営トップを指名するとなると、どうしてもプレゼンで理路整然と話すタイプの人が有利になってしまうのではないか。ゴルフでも話を聞いていたらシングル・プレーヤーかと思う人が、実際にラウンドしたら「そうでもないなぁ」ということがある。それに似ている。やっぱり仕事をともにしてお客さんとどう向き合うか、さまざまな場面でどんな判断を下すのかを見て人選しないとリスクが大きいというのが、私の意見だ。

そう言いながら当社も指名委員会を置いている。もちろん意見はいただき尊重する。ただ、任命責任を負えるのは経営トップだけだと思う。私もそういう覚悟で今回、石井敬太君を社長に選んだ。彼は当社が注力する蓄電池や再生可能エネルギーなど環境事業を先頭に立って開拓してきた。新ビジネスを作る手腕は確か。フットワークも軽くまさに伊藤忠が模範とすべき商人だ。

さてさて、ここまで言ったからには、石井君とともに私も結果で示さないと。

「日本経済新聞」あすへの話題（２０２１年１月25日付）

《書いてよかった》

伊藤忠商事会長ＣＥＯ　岡藤正広

年初から毎週月曜を担当した本コラムの連載もこれが最終回。「読者の皆さんの関心があるかな」と、マーケット・インの発想で自問自答しながら書いてきた。そのかいがあってか、多くの反響をいただいた。

批判を覚悟で持論を綴《つづ》ったこともある。「社長の決め方」と題した回では、指名委員会等設置会社によるトップ人事に疑問を呈した。やはり仕事で苦楽をともにしないとリーダーの資質があるかは分からないと思うからだ。反論もあったが、ある財界の大物から電話をいただき「全く同感。表だって言いにくいことをよく指摘してくれた」と言われ、大いに勇気づけられた。

がんで亡くなった社員について書いた時のこと。記事を読んだ奥さんから連絡をいただいた。葬儀で会った二人のお子さんも立派に育ったという。奇術が得意だった彼は会社でも人気者だったが、奥さんの文面から本当にご家族に愛されていたことが伝わり、私まで温かい気持ちになれた。

キッズデーという社内イベントで、ある社員のお子さんから手紙をもらった話も書いた。5年前のことだ。当時小学生のこの子は、大きくなったら大好きなお父さんが働く伊藤忠に入りたいと書かれていた。

中学生になった彼から手紙が届いた。残念ながら第1志望校は不合格だったという。

ただ私が大学受験に失敗した際に夜型から朝型に変えたというコラムを読んだそうで、高校受験で実践するという。彼には声を大にして言いたい。「君なら大丈夫！」

不安もあったが書いて良かった。最後に、皆さんにお礼を述べて筆を置きたい。

ありがとうございました。

「日本経済新聞」あすへの話題（2021年6月28日付）

■デサントのTOBでも知恵を見せた

牛島　そのコラムの最終回に、先のコラムについて、ある財界の大物から「よくぞ、書いてくれた。あなたの言うとおりだ」と言われたと書いている。

実際に経営の場にあり、伊藤忠をそこまで大きく成長させられた方です。細かいことを言うと、伊藤忠はデサントをTOB（株式公開買い付け）で買収したときでも非常に知恵のある会社だと思った。

なぜ私がそう思ったのか。それをちょっと説明します。伊藤忠はデサントに対してTOBを実施したのですが、国内の大企業同士では異例の敵対的買収となり当時、ビジネス界で大きな注目を浴びました。この買収の背景には海外戦略について両社の方針に徹底的な違いがありました。そこで、伊藤忠が提案したのは、株式取得は40%にとどめて、取締役会の構成をデサント側、伊藤忠側も過半数を占めずに3分の1ずつとし、中立の取締役も3分の1とするという案だったのです。

伊藤忠には知恵者がいたと思いました。いずれにしても、これで、デサントの取締役会が経営陣も大株主もコントロールできないものとなります。そのことが、経営者を社外取締役が監督するようになり、ガバナンス経営を先取りした取締役会改革の提案である可能性を有していると考えています。

■立派な経営者なら後継判断は主導

牛島　このような立派な判断をする会社のトップが岡藤さんです。その岡藤さんの言われているように、経営者の交代を現在の経営者にそのまま任せていいのか、いけないのではないか、それが重要な問題です。

同じ問題意識を、三井不動産の岩沙弘道会長にぶつけてみたことがあります。岩沙会長の答えも岡藤さんと同じでした。やっぱり会社のことが分かっているのは現任の社長や会長だから、その人が全責任で選ぶ、もちろん、社外にも相談させてもらう。しかし、それがとても重要なんだ、ということをおっしゃっていた。

それから、大和証券グループ本社名誉顧問の鈴木茂晴さんも、同じ考えでした。伊藤忠や三井不動産、大和証券のような会社で素晴らしい経営者がやっているところはいいのです。そういう優秀な経営者なら、その方が次期社長を選ぶ場合、独立した取締役がきちんと関与しているかぎり問題はないと考えます。

しかし、素晴らしい経営者と、素晴らしくない経営者をどう分けるかは、また別な話ですが、それによって対応が違うのではないかと思うのです。

次期社長決定は、現社長に任せるべきか、いや外部の人間に任せるべきかというのは、表面的には相反するようで、実は同じことを言っているのではないかと思うのです。岡藤さんのような素晴らしい経営者のいる会社は、その現社長が社内外の人材から、「この人ぞ」と思うような人物を探して、次期社長に決定すればいいと思うのです。

もちろん、その場合でも社外取締役の意見は必要かと思います。ただ、問題は優秀ではないトップがいる会社の次期社長決定には、外部の意見を積極的に取り入れる必要があるのではないか、と考えています。つまり、いかにして素晴らしい人を次期社長に据えるか、という目的は同じなのです。

■終身雇用だから、社員は会社にしがみ付く

田原　社長がダメで、会社が潰れたという話はよくある。企業の再編となると人員整理が大変です。なかでも大企業となるとリストラに抵抗する社員は少なくないと聞いています。

牛島　冨山和彦さんと話して、大変印象に残っているのは、サッカーチームも野球チームもみんな同じ会社に入れていてはダメだという話です。サッカーチームはサッカーのできるチームに売って、そこでやってもらったほうが、サッカー選手にとってもハッピーではないか。だから、「うち（会社）は野球が得意です」というなら、野球を一生懸命にやればいい。野球選手がサッカーチームに入っても役に立ちません。だから、会社が人員整理をできないのはおかしいのだと。つまり社員は会社にしがみ付くのではなくて、事業が大事で、そこにしがみ付くべきだ、ということを冨山さんは指摘された。

田原　社員が会社にしがみ付くのは、日本の会社は終身雇用制だからです。

牛島　そうです。会社の終身雇用が問題です。しかし、いいところ取りはできない。いまのがっちりとでき上がっている構造の問題だからです。

■上司に気に入られた人が社長になる

田原　僕は社員から社長を出すのは問題だと思っている。

やっぱり社長になろうと思うと、平社員時代から上司に気に入られなければいけない。そういう人間が社長になる。だけど、たとえ社長になったとしても、何も大した仕事はできませんよ。

それで思い出すのが、先ほどの伊藤忠の話です。私は伊藤忠商事元会長の丹羽宇一郎さんととても親しい。彼が偉いのは社員のときから「CLEAN　HONEST　BEAUTIFUL」と言い切ったことです。

丹羽さんが社長に就任した時点で、伊藤忠には何千億円もの負債がありました。1997年のアジア通貨危機で伊藤忠に経営破綻説が流れるほど、切羽詰まった状態に陥った。当時を振り返って丹羽さんは、「稼いでも、稼いでも利益がザルのように流れてしまう」状況だったと吐露されています。そこで「怪我をして血が流れ続けているのに、絆創膏を貼るだけではどうにもならない。膿を全部出し切らないとダメだ」と決意します。

そして丹羽さんは一気に約4000億円の特別損失を計上し、1100社あった系列会社のうち350社を清算、グループ全社員の15％に当たる2300人をリストラしたのです。社長になれば当然、送迎用にハイヤーが付きますが、丹羽さんはそれを拒否して電車通勤を実行しました。加えて半年間、給与を貰いませんでした。そういう社長の姿を見て、末端の社員から幹部まで全社員が奮い立ったのです。

牛島　やはり、一般社員はトップである社長を見倣いたくなるものですよね。私も丹羽さんと対談をさせていただいたことがあり、今の話はとても印象に残っています。しかも、丹羽さんは自分が退任された後は、会社のことには一切、口を出さない。

田原　そう、一切口を出さない。

牛島　これも素晴らしい。それが、岡藤さんが伊藤忠で自由に采配を振るえた、理由の一つではないかと思っています。

■後継者は指名委員会が決定すべき

牛島　ただですね。私はこうした素晴らしい経営者と話すと、そうした会社は大丈夫だなと思いながらも、日本全体を見ると先ほど来、田原先生が言われたように、このままいけば日本は「失われた40年」になる。どうしたらいいかと思うのと同時に、次のように考えているのです。

先ほど若干触れましたが、素晴らしい経営者は自分で責任を取る覚悟があるのだから、社外取締役と相談しながら、自分が全責任を持って後継者を決めるのは大いに結構だ。しかし、本当に任せていいかどうかの判断は、社外取締役がメンバーとなっている指名委員会が大きく関与すべきではないか。指名委員会が、この現社長に決定を任せていいかどうかを考えて、影響を与えるべきです。

ですから、たとえば、現社長の言う後継者はダメだと指名委員会が決定するとします。その場合は、議論する。最終的には指名委員会の決定に従ってもらう。先ほど田原先生が指摘された、新入社員の時代からずっと上を目指してきた、いわゆる、忖度《そんたく》をしてきた社員ではダメですよ、となる。そうした体制ができるか、できないかがポイントです。

■社員を投資対象というなら終身雇用はやめるべき

田原　今ね、日本では投資の時代だといいます。まず何よりも人間に投資をしようと、岸田総理も「新しい資本主義」で主張され始めた。そもそも社員への給与はもちろん、社員教育もコストではなく、投資の対象だというわけです。ですから、社員を投資対象だと考えたら当然、終身雇用をやめなければならない。

牛島　なるほど。

田原　終身雇用で投資なんてありえないですからね。できる社員には給与をどんどん上げる。年功序列もそうです。給与を投資と考えるなら、年功序列もやめなければなりません。その肝心なところをやめられないで、投資といっても意味がないですね。

牛島　そうなのです。上場企業3700社の中で、素晴らしい会社は除いて、日本の会社全体ではまさにその点が問題の中核にあります。そして田原先生が言われたように、経営者は過去の成功体験があって、そこにぶら下がった体制がガッチリと組み上がってしまっている。そこを動かすことが、なかなかできないのです。

田原　ですから、勇気を持って産業構造を変えなければいけない。

牛島　どうしたらいいですか。

田原　だから、岸田首相が覚悟を決めてほしいと思う。僕は岸田首相に言っているのです。「構造改革をやるべきではないか」と。ところが今は統一教会の問題で、それどころではなくなってしまった。

■次期社長を選ぶ最適解とは

牛島　今、その問題で足を取られてしまっていますね。もちろん、政治が重要だと思いますが、それ以上に経営者自身が、もっとしっかりしないといけません。本当にこの人は次の社長に相応しいのか、選んでいい人なのか、そうではないのか判断するのに、これまでのやり方ではダメだと考えています。

私はコーポレートガバナンス分野の仕事をやってきたせいかも知れませんが、そこは、社外取締役が指名委員会を作るのが最適解だと考えています。それが、常識化すべきです。私が言う指名委員会のメンバーは、独立した社外取締役となります。

そのメンバーが、「あなた（現社長）が勝手に決めるのではなくて、私たちはこう思いますよ。同じ社内でも、A、B、Cの3人がいて、あなたが、ずっとかわいいと思ってきたAさんを次期社長にしたいと考えているかもしれませんが、Cさんにしなさい。Cさんはあなたに時々逆らうから気に入らないと思うかも知れないが、でも、我々はCさんがいいと思いますよ」と言わなきゃいけない。そこで激論する

繰り返しになりますが、経営トップである社長には会社の命運がかかってきます。です

から、その決定が重要であるが故に、適任者を選ばなくてはなりません。それにかかわるのが独立社外取締役であり、それが重要な役目となっています。そこに存在意義があると考えて間違いありません。

もちろん、株主が取締役を決め、その取締役が社長を決定します。しかし、取締役候補者は、社内取締役も社外取締役も、独立した社外取締役が決めるというルールを設けてはどうでしょうか。

具体的には独立社外取締役を中心とした指名委員会の設置が必須となります。社長はさまざまな情報を持っていますから、次期社長を選ぶ場合、有利に事を運ぶことができます。しかし、現社長が後継者を選ぶ際に独立社外取締役を説得しなくてはならない、というシステムにしてはいかがでしょうか。大抵の社長は社外取締役を説得する自信を大いに持っているでしょう。だから、説明しろと言われても、特段に抵抗はないと思います。

そして、大切なことなのですが、独立社外取締役が次の独立社外取締役の候補を決める。それが何回か続けば、社長の後任を選ぶことについて独立社外取締役の影響力は強くなっていくと考えております。となると、独立社外取締役の役割がますます重要となります。

私はこのように考えています。

（2）主体性を取り戻すことで、希望を見出す

■最先端分野進出に出遅れた日本企業

田原　もう一つ、世界の常識としてはアメリカでも、イギリスでも、社長は社員から上がるばかりではありません。世界中から優秀な人間を見つけて社長にする。この点は、どう思いますか。

牛島　いや、それは日本企業に突き付けられた「匕首《あいくち》」だと思います。結論は、田原先生のおっしゃる通り世界中から優秀な社員を見つけることです。日本企業に突き付けられた「匕首」だと申し上げた理由は、日本企業の相当数が、世界企業だからです。「当社社員の半分は日本人ではありません」という会社が決して珍しくなくなってきたからです。しかも、株主の半数が海外投資家、それが当たり前になっています。会社の規模が大きいほど、そういう傾向が顕著です。

田原　だけど、なんでそういう日本の会社にGAFAM（ガーファム／Google、Amazon、

Facebook〈Meta〉、Apple、Microsoft）がないのだろう。中国にはいっぱいある。

牛島　それはですね、そういうことへ投資をするチャンスだった、まさに2000年前後から、日本は最先端分野に進出する意欲を失っていたのです。

田原　なんで、失っていたのだろうか。

牛島　それは、アメリカに叩き潰され、日本社会の仕組みで会社がどうなるのか分からない状況だったからです。ですから当時の中曽根総理の存在は、象徴的だと思います。中曽根総理は憲法改正を主張して政治家になった人です。しかし、その中曽根総理が当時、憲法改正を封印してしまっていた。

■憲法改正を封印した中曽根さん

田原　それは封印せざるを得なかったのです。なぜか。憲法改正を言ったら、世論みんなが大反対をしたからです。

牛島　日本は、いわゆる「吉田ドクトリン」*、つまり安全保障はアメリカに任せて経済成長に重点を置くことで、日本はとてもうまくいっていた。1980年代、プラザ合意に至るまでの成功体験がある。そして、バブルもあわせて当時の日本は、幸福感から抜け出すのは簡単ではなかった。

＊日本は軽武装を維持し経済復興と発展を最優先するとした政策。この方針を打ち出した吉田茂総理にちなんで、そう呼ばれている。

■歴代総理は主体性を失うことで、うまくやった

田原　もう一つ大きな問題がある。日本の歴代総理大臣は主体性を失うことで、うまくいった。主体性を捨てたのです。

古い話で恐縮ですが、自衛隊ができたのは1954年です。自由民主党が結党したのは翌年の1955年、自衛隊と憲法は誰が考えても大矛盾している。

だってそうでしょう。憲法九条第二項で日本は戦力を持たない、陸海空軍その他の戦力は保持しない、と書いている。しかし、明らかに日本の自衛隊は戦力です。なんで、このように矛盾しているかというと、いわゆる平和憲法を押し付けたのはアメリカで、日本に自衛隊を押し付けたのもアメリカだったからです。

つまり、アメリカの対日戦略が180度変わったことが原因です。憲法を制定する時点では日本を弱い国にしたかった。だから、戦争を放棄させた条文を入れた。

だが朝鮮戦争勃発で今度、アメリカは逆に日本を強い国にしようとした。それで、当時の総理大臣鳩山一郎氏は当然のこととして、憲法改正を打ち出したのです。そして次の総理大臣岸信介氏も憲法改正を主張した。ところが池田勇人以後、佐藤栄作も誰一人憲法改正を言わなくなった。

牛島　そうなのです。私はですね、戦後、日本の分かれ道は安保闘争だと思っているのです。岸信介氏が安保条約を一方的な片務条約から、多少とも双務的なものに変える、これを実現したら、日本国民は大喝采してくれると思った。日本国中が「岸さんよくやった」となり、それで選挙をしたら、国民は憲法改正だと盛り上がるだろうと期待をした。しかし、まったく正反対で、叩かれた。

■警職法改正が足を引っ張った

田原　実は、それには前段がある。

牛島　それは、なんですか。

田原　岸信介は憲法改正に自信満々だったが、その前に警職法の改正を打ち出した。正確に言うと、「警察官職務執行法」の改正で、岸内閣が突然、国会に上程した。この改正は警察官が職務執行のために必要な手段を定めたもので、個人の生命、財産保護から、「公共の安全と秩序」を守ることに重点を置くという内容で、警察官の権限を強化するものでした。

令状なしの身体検査や予防を目的にした留置を可能にした改正で、これが日本国民から総スカンを食らった。つまり、岸は戦前の警察組織に変えたいと思っていたのですが、それが国民から大反発を招いてしまった。

なんで岸が警職法改正をしたかったかというと、憲法を改正するには、今の警職法ではダメだと判断をしたからです。

憲法を改正しようとすると当然、反対運動が出てくるだろう。それを抑えるためには警職法の改正が必要だと考えたのです。単純に言うと、もっと警察を強くしないといけない、というわけです。

そして警職法を改正しようとしたら、野党ばかりか与党も大反対。その岸が、今度は憲法改正をやるというのだから、きっと悪い改正に違いないと国民は考えた。「岸は戦前の軍国主義、警察国家に引き戻そうとしている」と評価され、想像もつかないほどの反対を国民から受けたのです。戦前、戦中の政府による弾圧を国民が体験して、その記憶が当時、まだ残っていたからです。かわいそうだけど。

■感動した宮澤喜一氏の日本人論

牛島　私は当時、小学生でした。歴史を振り返るとそういう感想を持っておりまして、経緯はともかくとして、「吉田ドクトリン」にずっと乗っていた日本は幸せでした。それは1985年のプラザ合意まででした。

田原　先ほど触れたように池田勇人以後、佐藤栄作、田中角栄までもが憲法改正を言わなくなった。だから、佐藤栄作が沖縄返還を決めた後に、僕は自民党の代表的な頭脳派で、ハト派の政治家だった宮澤喜一氏にインタビューして「池田、佐藤は国民を騙している。けしからん、こんな政治家は即刻、辞めるべきだ」と申し上げた。それに対して宮沢氏の説明に僕はすっかり感動した。

牛島　それは、どういう説明ですか。

田原　「田原さん、日本人というのはね、自分の身体に合った服を作るのは下手だ」というのです。その半面、「日本人はどうも押し付けられた洋服に身体を合わせるのが得意なのです」と。正直、最初、何を言っているのか理解できなかった。

だけど歴史を俯瞰すると分かってきました。大正から昭和にかけて、ヨーロッパの先進国やアメリカが世界中を植民地にしようとした時代がありました。そこから理解する必要があります。アジアではタイ以外は全部、植民地となった。

牛島　日本も（植民地には）なりませんでしたね。

田原　そう、日本は植民地ではない。日本政府、国民は当然、植民地にされたくないと考えた。だから植民地にされないためにヨーロッパ、アメリカに対抗できるだけの軍事力を持つ国にしなければいけないと分かっていました。このため、日本政府は富国強兵、軍備増強に突き進んだ。その結果、日本軍は強くなった。その軍備増強に反対する人間、政治家は軍人から反発を受けました。

■戦争は「軍隊がやるもの」ではない、と主張した永田鉄山

田原　やがて5・15事件*や2・26事件**が勃発した。この事件によって、反軍拡を唱えた政治家は殺されてしまったのです。

＊1932年5月15日に起きた反乱事件、武装した海軍の青年将校たちが、内閣総理大臣官邸に乱入して犬養毅首相を殺害した。

＊＊1936年2月26日から2月29日にかけて発生したクーデター未遂事件。皇道派の影響を受けた日本陸軍青年将校たちが1483名の下士官、兵を率いて蜂起した。高橋是清大蔵大臣、斎藤実内大臣、渡辺錠太郎教育総監たちを殺害。永田町や霞が関一帯を占拠した。

牛島　それで思い出すのが、永田鉄山という人物です。陸軍省軍務局長だったこの人は、1935年（昭和10年）に自分の執務室で同じ陸軍軍人、皇道派の相沢三郎中佐に切り殺されてしまった。

陸軍省の中枢にいた鉄山は、第一次世界大戦を海外駐在して眺め、これからの戦争は「軍隊がやるもの」ではなく、「戦争は国家全体でやる」という新たな価値観が欧州各国に根付き、実践されていることを知ったのです。だから「工業生産分野の充実が国家の命運を決定的に左右する」。そして「工業生産を担うのは、軍人ではなく一般庶民である」（『永田鉄山　昭和陸軍「運命の男」』早坂隆著、文藝春秋、62頁）と理解したのです。

こうして鉄山は「『軍部独裁』ではなく『デモクラシーの時代の軍隊のあるべき姿』」について考え、「『国防を一部の軍人だけが担う』という体制こそ、軍事力が暴走する危険を内包するのであり、『国防は国民全体が行う』という国家の形が実は最も『民主的だ』」と説くに至ったのです。

そして鉄山は女性の労働を活用するために、託児所設立の必要性を訴え、さらには工業製品の大量生産を促すために「『規格統一』の重要性を強調」し、自動車の国産化を奨励したのでした。

その鉄山が陸軍の統制派の頭目として2・26事件の直前に殺害されてしまったのです。

■軍隊の悪いところが出た

田原　それが、軍の悪いところです。

日本軍はただ植民地にされたくないだけではなくて、ヨーロッパやアメリカと同格になるために、日本も植民地をつくらないといけないと考えた。これが満州事変につながります。満州事変は、今では侵略戦争と言っていますが、当時は違った。満州国を日本の管理下に置いただけだと。そのことは、国際連盟のリーダーであったイギリスとフランスに日本政府は了解を取り付けていたのです。侵略戦争ではなく、名目は満州国を日本が管理して独立させようとしていた。そういう解釈を当時の日本政府はしていました。

ところが南満州鉄道で爆破事件が起きました。日本の関東軍が実行したのですが、それを中国側の軍隊が実行したことにして、日本軍の侵略が始まったのです。中国側から日本軍が侵略していると指摘されて、とりあえず国際連盟からリットン調査団が派遣されて、爆破事件のあった場所に行って現地調査を行ったのです。ところが事実上、満州国は日本の管理でいいというイギリス側の結論になった。

しかし、国際連盟でこの報告書の採択をめぐって会議をしている最中に、何と関東軍が内蒙古の熱河に武力侵攻をして本格的な侵略戦争に突入してしまった。このために、国際連盟は「満州国を承認しない」という結論になった。それを不服として、1933年に日本は国際連盟から脱退したのです。

■日中戦争に全員が大反対

田原　そして問題は日中戦争です。日中戦争を起こしたら、日本は完全にアメリカにやられる（負ける）と、満州事変を画策した思想家・大川周明をはじめ、北一輝や関東軍の石原莞爾も、みんな絶対に反対の立場だった。近衛文麿首相の勉強会「昭和研究会」でも、メンバー全員が大反対を唱えた。

そして、近衛文麿氏は首相なので頭から日中戦争に反対はできないが、できるだけ早く、日中戦争を終わらせたかった。そして、ドイツのアドルフ・ヒトラーに依頼して、中国駐在のドイツ大使トラウトマンを仲介役として、広田弘毅外務大臣と蔣介石との交渉が始まったのです。

最初、蔣介石はこの交渉に乗り気ではなかったのですが、中国軍側の情勢が不利になってくると、交渉に強い関心を持ち始めた。そして、交渉がまとまりかけたその刹那、日本軍が中国の首都南京を陥落させてしまった。

これで、日本の軍部は一斉に強気となり、会談で「中国側が賠償金を支払え」とか「満州国を承認せよ」などと到底、蔣介石が呑めるはずのない条件を突き付けたのでした。それに動かされた近衛首相は、「（中国の）国民政府を対手《あいて》とせず」と宣言してしまい、ついに交渉は決裂したのでした。近衛首相は軍部に逆らうと、２・26事件のように（自分は）殺されるかもしれないという恐怖があったのです。本心からの決断ではなかった。これを契機に日中戦争は拡大し、泥沼に陥ってしまったのです。

牛島　「対手とせず」というは、近衛首相の声明ですよね。

田原　そうです。それは、大失敗でした。歴史学者などは「政治史上最大の愚行のひとつ」と評しているほどです。

■「今なら戦える」と言って日米開戦へ

牛島　結局、日本はアメリカとも戦争になって、原爆を落とされるところまで行き着く。

田原　当時のアメリカ大統領ルーズベルトは、このままでは日本は第二のドイツになってしまう。その危機感を抱いたアメリカは日本を抑え込もうとした。そこで石油輸出を禁止するなど、日本に対して経済制裁を科したのです。

それで、いよいよ日本軍は真珠湾攻撃を仕掛けて日米開戦へとつながっていきます。当時、アメリカと戦争をしても勝てると思っていた人間は、ほとんどいなかったのにもかかわらず、「今なら戦える」と言って、勝つ見込みがない戦争に突入してしまった。

こうした歴史を振り返って僕は、何を言いたいのかというと、日本は主体性を持って判断したことが大失敗につながった。だから日本は「自分の身体に合った服を作るのは下手だ」というのが宮澤さんの主張なのです。

繰り返しになりますが、日本は結局、やってはいけないアメリカとの戦争にまで突き進んでしまった。だから、日本は主体性を持たないほうがいいのだというのが、いまでも通用する歴史の解釈です。

■「押し付けられた洋服に体を合わせるのが得意」とは

田原　そして僕は宮澤氏に「押し付けられた洋服に身体を合わせるのが得意、とはどういうことなのか」と尋ねた。

「軍隊を持てない憲法を押し付けたアメリカは、日本の安全保障に責任を持つ。さらにその憲法を逆手にとって、日本はアメリカの戦争に巻き込まれないで、平和を維持することができた。それが、押し付けられた洋服を上手く身体に合わせて着こなした、という意味です」と言われた。

だから、ハッキリ言えば、日本の安全保障はアメリカに全面的に委ねて、それで、経済成長に全力を挙げることができた。それで会社が儲かり、社員が潤った。社員は幸せな生活を送れたではないかと。

そこで僕は忘れられない話があります。宮澤氏と佐藤総理はベトナム戦争の件で、二回ほどアメリカに行っています。佐藤内閣だった１９６５年にベトナム戦争が始まりました。

そのアメリカ政府が、日本政府に対して自衛隊もベトナムで一緒に戦えと要求してきたのです。日本はアメリカの要求に対してNOと言えません。佐藤総理は困った。そこで宮澤さんに「どうしようか」と相談したら、宮澤さんは「当然、日米同盟だから、日本は戦うべきでしょう。だけど、アメリカが日本に押し付けた平和憲法が難しい憲法で、（ベトナムに）行くに行けないじゃないか」と。そう主張してアメリカを説得した。それで日本の自衛隊は、ベトナムに行かないですんだのです。

それ以後、憲法を逆手にとってアメリカの戦争に巻き込まれずに日本はやってきたわけです。

■当時のやり方は今は通用しない

牛島　その逆手にとったという発想は、今の時点で考えても賢明なやり方だったと思いますか。

田原　今は、通用しないね。

ご承知の通りオバマ大統領、続くトランプ大統領が「パックス・アメリカーナ」を放棄しました。だから、2020年5月でしたが、僕は安倍晋三首相に直接「大変、危険だけど日本は主体的な安全保障を構築しないといけない」と申し上げたのです。そうしたら、安倍さんは大喜び。「ぜひ、やりましょう」と言われた。

しかし、途中で安倍さんは首相を辞めてしまった。それで、２０２１年６月でしたが、菅義偉首相に同じことを提言しました。菅さんは、「やろうと思うが、自分は今コロナで精一杯だ」と。だから「コロナが一段落したら、やりましょう」となったのです。

牛島　私は菅総理が日米首脳会談をしたときのことをよく覚えています。つまり、田原先生がいわれた趣旨はよく理解できます。最終的に日本とアメリカは対等な関係になろうとしている。

あるいは、もっと言えば、対米関係において日本はそれなりの防衛力を整備しなければいけない。そういうアメリカの強い思いが、にじみ出ていた会談でした。それがコロナによって、主体的な日本の安全保障構築が先送りになったわけですが、さて、それで済まされる時代ではなくなったような気がします。なぜなら、米中が対立しアメリカの日本依存が高まっているからです。日本にとっては「独立」のチャンスです。

■岸田内閣で安全保障の再構築をやらせる

田原　それで、僕は余計なことだけど今、岸田内閣で、安全保障の再構築をやらせようとしています。

そこでまず前提となるのが憲法改正ですから、僕は岸田さんに「戦争をしないための憲法改正をしよう」と主張しました。それに対して岸田首相は、ＯＫでした。この間、岸田総理の秘書官である嶋田隆氏と会って、憲法改正をして、日本が主体的な安全保障体制を確立するために、どうすればいいのか。そのための委員会を立ち上げようという話をしました。

その委員候補案を約10人、提示したところです。たぶん、そのメンバーで委員会が立ち上がると思います。

■キーポイントは安全保障も企業も主体性を取り戻すこと

牛島　しかし田原先生、現時点において防衛をアメリカに依存している日本、その現実は変わらないですよね。

その状況下で日本がどうやったら、「失われた30年」を取り戻すのか。これは主として経済的な問題となりますが、底辺で喘いでいる日本経済をどうやって回復させるのか、または復活させることができるのか。この点はいかがですか。

田原　それは、経済の構造を抜本的に変えるしかないと思います。そのキーポイントは主体性です。いかにして、社員は「同調圧力」に屈せずに、上司の命令だけに従って活動するのではなく、新しいものにチャレンジするか。つまり、一人ひとりが主体性を持って進取の心構えで、新しい事業に取り組むことができるかどうかです。

牛島　しかし、経済構造を抜本的に変えると言われても、これは一種、鶏と卵的なところがあって、そのためにはどうするのか分かりません。

田原　だから、企業経営も安全保障も、いかに主体的な姿勢で臨むかが肝心となります。まず主体的な安全保障は一体、どうすればいいのか。当然の事として日米同盟が焦点になります。

もっと言えば、日本の防衛、安全保障はこれまで「専守防衛」と言ってきました。それはインチキなのです。若干、古い話ですが、大切なことなので聞いてください。

実は中曽根さんが総理大臣のときに「あなたが、防衛大臣のときに日本は専守防衛と言っていた」と質した。

沖縄がアメリカ軍に占領されたときに、日本軍は本土決戦と主張したのは歴史的事実です。でも本当に本土決戦となったら日本に大変な損害が出る。それが日本政府には分かっていた。だから当時の鈴木貫太郎首相は本土決戦を避けるためにポツダム宣言を受諾したわけです。

それを知っていた僕は、中曽根さんに「専守防衛というのは本土決戦が実態ではないか。それでいいのか」と問い質したのです。

そうしたら、中曽根さんは「それは、まったく違う。そもそも本土決戦というのは戦わないことだ。仮に本土決戦になったら日本人の死者は数千万人になる。そんなことはできない」と。僕はすかさず「では戦わないで、日本はどうするんだ」と畳みかけました。そうしたら、中曽根さんは「だから、アメリカの抑止力で全面的に日本を守ってもらうしかないのだ。日本はアメリカと仲良くする。その証しが日米同盟だ」と言った。

その前提としてあるのが、アメリカの「パックス・アメリカーナ」でした。

■アメリカは日本のために戦うという仮説

牛島　つまり、強いアメリカが日本の後ろにいる。
世界の警察官を自任していたアメリカが、日本を救うためであれば、場合によっては当時のソ連と核戦争になってでも辞せずという強い態度があったと。それは仮説ですよね。田原先生はどう思われますか。

田原　仮説だと思います。

これはオフレコにしていた話ですが、小泉内閣のときに岡崎久彦（外務省情報調査局長）氏、北岡伸一（東京大学教授）氏が、僕の事務所へ訪ねて来て、「田原さん、困ったことが起きた」というのです。そもそも小泉内閣を作ったのは僕ですからね。

困ったことが起きた。ゴルバチョフ書記長が失脚してソ連は崩壊し、ついに「冷戦が終わった」と。

僕は「冷戦が終わったことはいいことじゃないか」と返答した。そうしたら、岡崎氏が「いや、それが大変困る」というのです。なぜか。冷戦というのは東西冷戦だった。東西冷戦のとき日本は極東に位置しています。そしてアメリカは西側の極東を守る責任があった。だから、安保条約で日本が攻められたら、アメリカが守る。だが、その一方でアメリカが攻められたら、日本は何もしない。その片務条約でよかった。

ところが、冷戦が終わったことによって、アメリカは極東に位置する日本を守る責任がなくなった。そこで、アメリカは岸信介総理のときに交わした安保条約や、日米同盟は持続できなくなるという。

だからアメリカ側は「片務契約から双務契約に変えろ。アメリカが攻撃されたら日本も一緒に戦え」と言ってきている。これをやらないと、日米同盟は持続できないと日本政府を脅してきた。だけど、「こんなこと（双務契約）を認めたら、日本中が大変なことになる」。でも、やらないと日米同盟は維持できない。そこで、岡崎氏たちは、小泉内閣のときに双務契約に変更しようとするが、当時の小泉総理は断固反対した。結局、安倍内閣のときになって集団的自衛権の一部改正を実行したのです。

■集団的自衛権改正に賛成したわけとは

牛島　安倍さんの言を借りて言えば、「台湾有事は日本有事である」と。

田原　僕は安倍さんの集団的自衛権改正を肯定した。それをやらなければ、日米同盟は持続できなかったからだ。それは、ごく限定的な双務契約で、自民党の高村正彦氏と公明党の北側一雄氏が話し合って決めたのです。

だが、安倍さんは当初、こんな中途半端な改正では駄目だ、全面的な双務契約が必要だ、として一度は否定しました。そうしたら、高村氏が「この案（限定的な双務契約）を否定したら、公明党との連立は壊れますよ。それでいいのですか」と安倍さんに詰め寄った。そう言って、岡崎氏も安倍首相を説得したのです。

実はこの時、多くの憲法学者や朝日新聞、毎日新聞などのメディアが、こぞって集団的自衛権の改正に反対したのです。そこで、僕は朝日新聞や毎日新聞のトップに「これを否定したら、日米同盟は完全に壊れますよ。日米同盟を壊してどうするのですか。

そうしたら、日本の防衛費は三倍、四倍必要になるのは火を見るよりも明らか。しかも、大きな声で言えないが、アメリカの核の傘で日本は守ってもらっている現実があるじゃないか。だから、これ（日米同盟）を壊したら近い将来、日本は核兵器を持つことになるぞ。それでいいのか」と詰め寄ったのです。そうしたら、朝日も毎日も「田原さんの言うことに100%賛成です」となった。

■日米同盟は今後変わらざるを得ない

牛島　基本的な日米同盟は変わらないのですか。

田原　今は、変わらざるを得ない。

牛島　確かにアメリカがどこまで、日本の安全保障に責任を持つのか、その程度は時代によって変わりますけれど、日本とアメリカの同盟関係にあって、日本の防衛をアメリカと一体化して考える限り日本の防衛はアメリカに任されているのではありませんか。

田原　第1章でも述べましたが、実は今まで、アメリカに新しい大統領が登場すると、必ずまず米英首脳会議、米仏首脳会議、日本は三番手、四番手というのが常識でした。ところが、バイデン大統領はいきなり菅首相と首脳会談を行った。なんで、いの一番に日米首脳会談をバイデン大統領は行ったのか。米中問題で、バイデン大統領は本音として中国と戦いたくないからです。

牛島　それは、まさに日本もそうですよね。

田原　こうした状況下で、ウクライナで侵略戦争が2022年2月に勃発してしまった。

これは、日本の安全保障にとって、重要な事件です。

■ウクライナ戦争はプーチンの大誤算

田原　ロシアがウクライナに侵攻する前、ウクライナのゼレンスキー大統領の支持率は20%でした。ウクライナでは政治腐敗が進んで国民から大統領は総スカンの状態にあったのです。プーチン大統領は軍事介入すれば（ゼレンスキー大統領の）支持率はもっと下がって、ウクライナは簡単に親ロシア政権になると思った。

ところが、ロシアが軍事侵攻したら支持率が逆に91%に跳ね上がってしまった。そこがロシア・プーチンの大誤算だった点です。ゼレンスキー大統領はコメディアン出身ですが、アメリカの元大統領レーガンも役者だった。むしろ、国民にメッセージを送るのが上手だ。カリスマ性があったから人気があったのでしょう。

アメリカの議会でゼレンスキーがリモートで演説し、真珠湾攻撃を、奇襲攻撃と発言してアメリカ国民に「それを忘れないでほしい」と訴えていましたが、本当は奇襲攻撃ではなかった。まるで、日本が悪者扱いにされたような気がして、正直、鼻についた。ただ、世界は真珠湾攻撃を奇襲攻撃だと解釈しています。

ロシアだって、ウクライナへ奇襲攻撃を仕掛けたわけではない。

プーチンはウクライナがNATOに加盟したら軍事介入すると前から言っていました。それを奇襲攻撃だと言って批判するのは違っている。ただ、ウクライナは大変だと思うが、NATOがウクライナ国民に被害をもたらすキッカケを作ってしまった。

アメリカやNATOの失敗はウクライナがNATOに入りたいと申し入れた時に、入れなかったことです。ウクライナを中途半端な状態にしたのが問題だったのです。ウクライナが仮にNATOに加盟していれば、プーチンはウクライナを攻撃しなかったでしょう。なぜ中途半端にしたのか。それはロシアが本当にウクライナに軍事侵攻するとは思わなかったからです。アメリカもNATO諸国も、ロシアを甘く見ていた。

このような同じ過ちを、二度と犯してはならない。

だからバイデン大統領は中国が台湾に武力攻撃しないように、日本に何とかしてくれと訴えてきたわけです。

牛島　それが、日本としてできるかどうか。

田原　やらないといけないし、日本はできると思っています。

■台湾有事の場合、日本の貢献度は

牛島　そうですか。米中がもし戦うことになれば、具体的に台湾を中国が侵略することになったら日本は他人事《ひとごと》ではいられない。

田原　日本は大変なことになりますよ。

牛島　その場合、日本は中国の敵になるのか、それとも味方になるのか、中立になるのか。

田原　当然、敵になる。だって日米同盟ですから。

牛島　敵になると考えると、当然、日本の対応は厳しいものになります。

田原　その対応を現にやっています。

牛島　アメリカの政策次第で、いや中国の状況次第もありますが、我々日本が主体性を持つことによって、米中が戦わない、具体的に台湾で紛争を起こさせないようにする。日本はそのことに関してどれだけ貢献できるのか、私は疑問を持っています。

田原　僕はしなければいけないと思っている。そして、できると思っている。

牛島　どうやって、するのですか。

田原　バイデンは期待している。

牛島　そうかも知れないが、国力がここまで落ちている日本が米中対立の間で、どういう役割を果たせるのか。役割を果たすためには、日本は「失われた30年」から復活しないといけない。それが、日本復活が必要な理由の一つではないですか。日本に「力」がなかったら、米中間に入ることができません。

田原　もう少し見ていてください。それが実現の方向に向かうかどうか。私は今、具体的に動いています。

牛島　アメリカの中間選挙が終わり、中国の第20回共産党大会も終わって、どういう世の中になるか分かりません。

田原　第20回共産党大会では習近平が3期目を決めた。また、アメリカの中間選挙の結果で民主党が善戦しました。やや乱暴な言い方をすると、それがどうなろうと、関係ありません。

■バイデン大統領の本音は中国と戦いたくない

田原　ハッキリ言うと、前述したようにバイデンのアメリカは中国と戦いたくない。そういう事態が起きないように、何とかしてくれと日本に頼んでいる。日本は何とかしないといけない。これがもう一つの日本の大きな問題。

牛島　田原先生の知恵でどうすればいいとお考えですか。

田原　どうすれば、アメリカと中国が仲よくできるかという話になる。これを日本がどうやれば、両国を取り持つことができるのか。そもそも、どうしてアメリカと中国が対立していると思いますか。

牛島　中国が、世界の覇権を狙って、アメリカの地位を脅かしているからではないですか。

田原　米中対立で一番の問題は、安全保障は関係ありません。実は経済です。中国がアメリカと比較して経済力の点で勝りつつある。中国経済は不動産不況とか、ゼロコロナ政策による都市封鎖が影響して、一時的に停滞する可能性はありますが、中国経済の実力はそんなことはいずれ吹き飛ばすに違いない。

だから、中国経済の復興を恐れて、アメリカ政府は中国企業によるアメリカ企業の買収を認めないのです。そして、バイデン大統領は中国と経済的な関係を切ろうとしているが、切れるはずがありません。日本も同様だ。経済でいうと日本は、アメリカより中国のほうと関係は深くなっている。日本企業の工場はほとんど中国にある状態だ。

――少しずつ日本に工場を移転しようという動きがあります。

田原　一部の企業はそうかも知れないが、全体としてみれば、たいしたことはない。依然として多くの日本企業は中国に拠点を置いている。

■習近平がリベラルなことを言ったら殺される

牛島　米中の経済戦争で日本は一体何ができるか、田原先生の頭の中にあるのは何なのですか。

田原　前述のように、習近平が国家主席になる前に会った人は、たとえば朝日新聞の船橋洋一氏とか、中国大使だった丹羽宇一郎氏など、みんな習近平を認めていた。僕も習近平と会っている。非常に話が分かる男でした。

全体主義国家で、習近平が下手にリベラル的なことを言ったら殺されます。だから言えない。その象徴的な話が北朝鮮だ。北朝鮮はミサイルを発射しているでしょう。あんなことをしても本来、何の意味もない。アメリカは北朝鮮のミサイル発射に全然、危機感を持っていないし、気にしていない。日本政府やマスコミは大変だと言って大騒ぎしているが、全然大変ではない。だってそうでしょう。北朝鮮がアメリカと戦争するわけがない。アメリカに（北朝鮮が）核を持っていることを示したいだけ。ミサイル実験が意味のないことは、北朝鮮のトップも本当は分かっている。アメリカに表面的にでも対抗しないと金正恩は北朝鮮軍に殺されてしまう。だから、意味もなくやっているだけ。習近平も実は人民解放軍の言いなりで、北朝鮮と同じことが言えるのではないでしょうか。

■アメリカが恐れている中国のＡＩ

牛島　そうすると、日本が関わることで何とか米中関係の分裂を避けたい。

田原　今、アメリカが一番恐れているのはＡＩです。中国にＡＩ分野で負けると思っていることです。下手をすると宇宙でも中国に負けると考えている。

牛島　それを日本が肩代わりするということですか。

田原　それを日本がどううまく、仲介できるかです。

牛島　日本は軍事力がないままにアメリカの役に立つなら、ＡＩでも、日本は協力するということですか。

田原　そこをバイデン大統領は日本にお願いすると言っている。日本の自衛隊に何も期待していない。

だから、本当は日本から力のある人間をアメリカへ行かせてバイデン大統領に直接、会わせたいと考えている。どうすればいいか、日本側の意見を伝えたい。ただし、バイデンに会わせる有力な人物がなかなかいない。

牛島　その点で田原さん、アメリカへ行った人はバイデン大統領に何をどう伝えればいいのですか。

田原　端的に言えば、アメリカは中国とどう付き合っていくべきか。バイデンは日本に中国との間に入ってくれと要請している。具体的には、ＡＩでアメリカは中国と共存したいと考えています。

牛島　米中の間で、日本が役に立つことがあるのじゃないか。それは、ＡＩだと。相当、大規模な構想ですね。

田原　それは逆に言うと、中国も日本に期待している。中国もアメリカと戦争をしたくないからね。

牛島　それは、そうでしょうね。面白いですね。田原先生がおっしゃっていることが。

田原　世の中はイエスかノーだけではないからね。プーチンも二国対立はダメだと分かっているのに、ウクライナと戦争をしてしまった。

牛島　すると、岸田さんの特使はバイデン大統領に何と言えば、これで頼むぞ、ということになるのでしょうか。

田原　だから日本が中国に対して、ＡＩを使って世界を占拠するなんて考えるなと伝える。アメリカとうまく棲み分けしろと。

牛島　その行司役を日本がするというわけですか。相当な大構想ですね。

田原　だけど、日本はできると思う。なぜなら、日本も世界が欲しがるＡＩ技術を持っているからです。

■ユニークな憲法改正論

牛島　そうすると、憲法改正などの話は必要なくなるのですか。

田原　だけど、いずれ日本は憲法改正しないといけない。憲法改正することにどういう意味があるかといえば、それは、日本の安全保障に主体性を持たせるという観点から重要です。

牛島　田原先生が憲法改正を敢えておっしゃっているのは、つまりＡＩについて日本がアメリカと中国の関係でアメリカに安心させるようなことができれば、憲法改正というのは容易にできるのではないかということですか。

つまり、米中の経済関係で日本がうまいアレンジをすれば、アメリカは日本の憲法改正に反対しないし、すべてうまく動くのではないか、これが田原先生のお考えなのでしょうか。

田原　小泉内閣のときでしたか、キッシンジャーとゴルバチョフを東京に呼んで、中曽根さんが加わって三人でシンポジウムを開催したことがあります。司会は僕でした。

その時に中曽根さんが「日本もそろそろ憲法を改正したい」と発言したら、キッシンジャーは「僕は反対だ」と即座に言った。なぜか。「今の日本国憲法があるから世界の国々は日本と安心して付き合えるのだ」というわけです。また、「戦前のような憲法になったら大変だ」と。

それを受けて、ゴルバチョフはどう思っているのか聞いたら、「キッシンジャーの言っていることは論理的で、自分も（憲法改正に）反対だ」と。中曽根さんが困っていました。

牛島　ですから、田原先生が言われていることは米中の経済問題、具体的にはアメリカがＡＩで中国を警戒していること。これに日本が一定の協力ができれば、憲法改正の大矛盾は解決できると。田原先生が言われている日本の憲法改正は極めてユニークだな。

■ハト派の岸田総理が打ってつけ

牛島　話を戻すと、岸田さんはどうも、憲法改正の役を引き受けそうな感じですね。

田原　どうせ変えるならハト派の岸田さんに変えてもらいたいと思う。

牛島　そのほうが国民の反発も少ない。

田原　「田原は改憲論者に変わった」というのが、独り歩きしてしまっているが、中身は違う。戦争をしない国にするために、このインチキな憲法でこれからもやっていくと、いつか戦争をする国の憲法になってしまう。だから、戦争にならないための改憲、憲法を変えないといけないと考えているのです。

牛島　ただ、先ほどの話で、誰がバイデン大統領に会ってＡＩを含めて日本側の戦略を説明するのか、という話ですね。

田原　誰がバイデンに会って交渉できるか。それが問題で、この点について近く岸田さんと話さないといけないと思っています。中国の習近平と、アメリカのバイデン大統領にも会って交渉できる政治家はそう多くはいません。が、近く実行したいと考えています。

■米中が経済的に関係を深める

——つまり、日本が仲介して、経済でアメリカと中国が再び結びつきを深めたほうがいいということですか。

田原 そうです。

——学者の中には、アメリカと中国はデカップリングをすべきだという人がいる。しかし、田原先生はアメリカと中国はともに助け合って発展していくべきだと。

田原 それはトランプ氏が大統領のとき反グローバリズムを言い出したからです。何で、トランプ氏が反グローバリズムを言い出したか、お分かりになりますか。

牛島 トランプ氏の考えの中ではアメリカが中心だからですよね。

田原 トランプ氏が反グローバリズムを主張した根拠はハッキリしている。グローバリズムというのは一つの国が国境を越えて世界中を一つにする。となると、アメリカは人件費が世界一高いから、アメリカの経営者が工場をみんな中国などアジアに移して、アメリカの国は廃墟になってしまう。アメリカでは失業者が増加する。だから、トランプはアメリカの工場を海外に持って行かないで、海外にあったアメリカの工場を戻す。工場の海外移転はダメ。それが反グローバリズムの背景にある。失業者が増えると困るから、みんなトランプ氏を支持するのです。

――トランプ大統領の時代は工場をアメリカに戻したが、バイデンになったら、その動きは鈍くなった。

田原　アメリカに工場を戻すことは、意味がないとバイデンは考えている。できっこない。資本主義がそれぞれの国がバラバラになって成立するわけがないじゃないか。日本がグローバリズムを否定したら、そもそも日本国は成立しない。

牛島　それはその通りです。しかし、ということは、アメリカも中国も一緒になれということですか。

田原　だからね、きちんと話せば、分かるはず。トランプがダメなことをバイデンは分かっている。反グローバリズムがダメだという点をバイデンは理解しているからこそ、米中対立回避の話は進むのです。具体的には中国とどう向き合えばいいかという話になるのです。

それができるのは日本だけ。

牛島　どうやればできるのですか。

田原　ちょっと困っているのは、バイデンが今一つ力を持っていないこと。今回の中間選挙で、下院で民主党が負けて、ねじれ現象になってしまったことです。国際情勢はバイデンで揺らいでいる。

第4章

会社が変わる時、日本が蘇る

（1）アクティビストと機関投資家の「幸せな同棲」が激震をもたらす

■経営者交代システムを変える

牛島　私は、2022年11月のアメリカの中間選挙の結果、米中関係がどうなろうと、日本の経済をどう復活させるかについては、日本なりのことができると思っています。

先ほどの話に戻るのですが、私は会社というものは経営者次第だと考えています。だから経営者の交代システムというものについて、もう少し配慮が必要ではないか。いや、交代システムを変える。日本が立ち直る対策は、これしかないのではないかと思っているのです。

田原　それは、その通りです。

牛島　私は「コーポレートガバナンス」（企業統治。企業経営を管理監督する仕組みのこと）というものが不可欠だと信じています。もちろん、私はコーポレートガバナンスが1

00%素晴らしいものだとは思っていません。しかし、日本企業の株式の約3割を海外投資家が持っている現実があります。この視点から、そうした日本企業のあるべき姿を考察することが大切です。すると日本企業の将来が見えてくるはずです。

■コーポレートガバナンス経営の大切さとは

田原　円安になって、だんだん海外投資家の持ち株比率は落ちているけれどね。

牛島　円安になって、相対的に株価は軟調基調にあります。しかし、私が申し上げるのは、日本の大手上場企業の場合、半分が海外投資家に握られているのは珍しくない。その状況を考えると、日本の大企業はいやが上にも、コーポレートガバナンスに則った経営をするしかありません。

田原　いいと思いますよ。

牛島　したがって、独立した社外取締役が、活躍してくれないといけないのだろう。

田原　なるほど。

牛島　そうすると、独立した社外取締役と現役の社長、あるいは会長との綱引きがあります。しかし、独立した社外取締役が力を持てば、日本企業の社長交代劇というのは、スムーズにあるべき方向に進むのではないか。

といっても、社外取締役は会社の経営はできません。実際に会社組織を動かすのは社長以下の経営陣です。

多くの日本の上場企業は、社内取締役が過半数という経営体制を続けたいでしょう。その思いは会社の内側から見れば、大いに理由のあることです。しかし、次の社長を決めることを現在の社長に任せてきての「失われた30年」です。日露戦争に勝って、その後、戦艦大和を造って第二次大戦で負けた日本の状況に似ているといえるのではないでしょうか。

田原　今の経団連会長はどう考えているのでしょうか。話したことがありますか。

牛島　いや、私はありません。

田原　経団連が、そういうことを推進する気があるかどうか。

牛島　そういう意味ですか。それはないと思います。ですが、経団連会長個人としては、そういう考え方をお持ちかも知れません。しかし、経団連という大きな団体のトップという立場では、個人の思いだけでは、行かないでしょう。したがって、経団連という組織が、コーポレートガバナンスについて、どれくらい実質的に理解していただけるか正直、分からないところがあります。

■終身雇用、年功序列、企業別組合から脱却する

田原　経済同友会は考えていますね。

牛島　同友会は、経団連とニュアンスが違いますね。同友会は個人参加の団体ですからね。前章で伊藤忠の岡藤さんのご見解を紹介しましたが、岡藤さんのような優れた経営者と、そうでない経営者のいる会社があるのは事実です。世の中が、「あそこの会社は指名委員会がしっかりしないといけないよね」というふうにならないといけない、と思っています。その方向感はあると感じています。そのようになって行けば、日本の会社というものは、終身雇用とか、年功序列とか、企業別組合とかのしがらみから、少しずつでも脱却できる。それ抜きでは、再び、復活することはないでしょう。

現にNTTが年功序列を刷新することになりました。まずは、管理職ではない一般社員を対象に、基準を満たせば入社年次や年齢に関係なく、早期に昇格・昇給できるようにする。これで、20代での課長級の役職への抜擢も可能となるのです。

この新たな人事制度についてはNTT東日本、NTT西日本、NTTドコモなどグループ各社の組合とも合意しており、2023年4月からスタートする予定です。合計約6万5000人が対象となりますが、将来、グループ全体で11万5000人まで広げていく方針だといいます。

一方、川崎重工業も2021年度から年功制の人事評価を全廃しました。全従業員の1万7000人を対象に、役割と成果に応じて賃金とポストを決めていく方針です。評価次第では、若手社員の給与がベテラン社員を追い抜くケースも出てくるといいます。少しずつですが、そういう傾向にあります。

■素晴らしい経営哲学を持つ豊田社長

田原　ちょっと昔ですがトヨタ自動車の社長、パナソニックの社長、NTTの社長たちとよく会って、日本経済と日本企業を何とかしないといけないという話をしました。

牛島　トヨタ自動車の豊田章男社長は、面白い方ですね。素晴らしい経営哲学をお持ちで、私は一度、経済団体主催で講演をさせていただいたことがありました。講演が終わったらわざわざ豊田社長が私のところへこられて、当時、話題なっていたAA型種類株*のことを突然、尋ねられたのです。今でも、ハッキリと記憶しております。豊田社長は、「ところで牛島先生、どうして当社がＡＡ株を出したか、分かりますか」と質問を投げかけてこられたのです。ひとつの明確な発想、経営哲学を持って会社を引っ張っておられることが良く分かりました。

＊５年間売却できない代わりに、元本保証で最高２・５％の配当利回りが確定していて、値上がり益も狙える株。

豊田社長は「資本コストを意識させたかった」とおっしゃいました。

このＡＡ型種類株は世界でも珍しいタイプで、トヨタ自動車が倒産しない限り、株価が下がっても投資家は損をしません。「元本保証」に着目して「経営側に都合のよい株主をつくるのが目的ではないか」といった批判がありました。

しかし、よく考えてみると、発行価格は普通株式の時価より３割高く設定されているので、種類株式を取得した株主が普通株式への転換で利益を得るには、株価上昇が必要です。一方、トヨタ自動車の業績が極端に悪化したとしても、この種類株の株主は５年間、売り逃げることはできません。

逃げられなければ、トヨタ自動車の経営陣を監視するしかありません。だから、「モノを言う株主」と歩調を合わせて経営責任を問うこともあり得ます。私は、トヨタ自動車側の狙いもまさに、そこにあったのだと見ました。経営者がいやが上にも中長期的な成長にコミットしているということです。社長に自信がなければAA株など発行はできません。裏を返せば、それだけ将来に対して強い自信がある証拠なのです。だから、これは中長期的な企業価値向上を目標にしているコーポレートガバナンス・コードに応える偉大な一歩といえる。トヨタ自動車の豊田章男氏の深慮遠謀は大したものです。

■アメリカで大規模なリコールが発生

田原　実は、トヨタ自動車に大きな問題が起きたことがあった。トヨタ自動車が生産した車がアメリカでトラブルを起こしたことがあった。具体的にいうと、カリフォルニア州でトヨタの「レクサス」を運転中に急加速して、家族4人が死亡する事故が起こったのです。当時、トヨタ車に欠陥があると報じられ、大規模なリコール（2009〜2010年）に発展しました。リコールの対象車は確か1000万台だったと記憶しています。この当時、トヨタ車の開発は専務と常務が責任を持って直接、携わっていました。社長だった豊田章男さんはまったく関わっておらず、何にも知らなかったのです。

僕は当時、経産省の事務次官であった望月晴文氏（内閣官房参与、資源エネルギー庁長官、中小企業庁長官などを歴任）に、「この問題で豊田章男社長を直接、アメリカに行かせたほうがいいと思う。望月さんから豊田社長を口説け」と提案しました。望月氏は快諾して、その結果、豊田社長自らがアメリカに飛んでケリを付けたのです。

部下に責任を押し付けず、社長自らアメリカ議会の下院公聴会に出席して発言したことで、アメリカ社会では凄く評価された。豊田社長は立派だったと僕も思う。後日、アメリカ運輸省高速道路交通安全局は、多少機器的な不具合はあったものの、電子制御に欠陥はなく、ドライバーのミスだったと発表したのです。

■外部の考えを取り入れる

牛島　豊田社長自らアメリカ議会に出席したことがいい方向に結びついた。

田原　そうだと思う。逃げなかったことがよかった。その後、望月さんと僕と、豊田社長と三人で祝杯をあげ、何回かメシを食べましたね。

牛島　私はあの時、トヨタ自動車がどういう態度で臨むのか、アメリカ風に言えば、どうbehave（行動する）するか、とてもアメリカは注目していたと思う。そして、見事に豊田社長は切り抜けた。大したものだと思った。

田原　あれを、やらせたのは、経産省の望月氏でした。

牛島　そのように、優れた経営者はいっぱいいます。しかし、総じて、どことは申しませんが、優秀ではない経営者も少なくないのです。

そこで、注目したいのが、社長の後継者選びです。承継について私は、外側の考えがもっと及ぶようにしないと、ダメなのではないかと強く思うのです。

田原先生は安全保障の面から日本は主体性を持って対応しなければいけないと、指摘されました。それは日本の会社経営も同じです。

失敗を恐れずに、主体性を持って前向きにドンドン、事業を展開していく人間に次期社長を任せることが、今求められているのです。

■アクティビストと機関投資家の「幸せな同棲」

田原　まったく、同感です。しかし、現に後継者選びで失敗している会社は多いね。

牛島　それが、問題なのです。そういうことがないようにするために、コーポレートガバナンスをもっと進めて行く必要がある。私はそう考えているのです。

田原　頑張ってください。

牛島　ありがとうございます。

コーポレートガバナンスを推進するためには機関投資家の役割が大切です。

アメリカでは、注目すべき動きが出て来ました。2018年ゼネラル・エレクトリック（GE）が、140年の歴史で初めて社外からCEOを迎えたことです。機関投資家の支持を得ているアクティビストと対立すべきではない、と経営陣が判断したからと言われています。

そして、もうひとつ、世界を驚かせた株主総会がありました。それは2021年5月26日のエクソンモービルの株主総会です。そこでエクソン株を0・02％保有するアクティビストである投資会社、エンジン・ナンバーワンの代表チャーリー・ペナー氏が、エクソンに環境対策の強化を迫り、それに絡んで取締役の刷新を求めたのです。

もともとエクソンは気候変動に関連する国際的な機関投資家団体「クライメートアクション100プラス」が呼びかけた対話を拒否し続けてきました。各国の石油メジャーがこうした団体との対話に応じる中、投資家の間にエクソンへの不信感が広がっていたのは事実です。そこで、「アメリカ公的年金のカリフォルニア州教員退職年金基金（カルスターズ）は、エンジンの提案に支持を表明して、結局、3人の取締役を送り込むことに成功した」（日本経済新聞　2022年6月29日付）のです。

何が言いたいのか。

つまり、アクティビストと機関投資家が一緒になる、いわば「幸福な同棲《どうせい》」という現象が起こりつつあるということです。「同棲」とあえて表現するのは、契約上の関係ではなく、各々のその時における意思に基づいているだけだからです。目先の利益だけを追求するアクティビストも存在しますが、それは論外です。相手にしません。中長期的な会社の成長や改革を提案するアクティビストがいたら、スチュワードシップ・コード（説明責任）を順守している機関投資家は必ず賛同してくれるはずです。私はそうしたアクティビストを「ガバナンスファンド」と呼んでいます。いずれにしても機関投資家は議決権行使だけではなく、運用先として選んだ理由も開示しなければならない。そんな時代が到来しています。

日本でもオリンパスが、筆頭株主でモノ言う株主として知名度がある、米バリューアクト・キャピタルから取締役を受け入れたことがあります。オリンパスのCEO竹内康雄氏は「ヘイル氏（バリューアクトのパートナー）のグローバルな知見、経験を取り入れることが、当社の変革、企業価値向上につながると判断した」と述べていました。

■「株式市場は年金のためにある」

牛島　また、これに関連して先般、野村證券出身で東京証券取引所元社長の斉藤惇さんに貴重なご意見を伺うことができました。斉藤さんは私にこう断言されたのです。「株式市場というのは、年金のためにあるのだ」と。多くの上場会社にとって、年金基金というのは大株主ですから、「まさに株式市場は年金のためにあると言っていい」と指摘されたのです。

つまり、株式市場は日本国民の生活設計に重要な役割を果たす存在なのです。国民のみなさん、とくに若い人は給料から年金の保険料が引き落とし
で支払われていますが、自分は本当に将来、年金が貰えるのだろうかと心配しています。そういう年金資金を運用している機関投資家は、投資している会社に「もっと、もっとあなた（社長）はしっかりしないといけないじゃないか」と強く言うべきではないかと、思うのです。

■PBR1倍未満の企業を叱責する

牛島　私はそのキッカケを握っているのが、一部のアクティビストだと、考えています。前述したように、そのアクティビストの意見が、大株主を動かすケースが出て来ました。アクティビストが機関投資家に語り掛けることによって、その会社の在り様が変わってくる。こうした中、2021年度3月決算の上場企業で、アクティビストから株主提案を受けた会社は36社（2022年6月8日時点）と過去最多を記録しました。

そもそも日本企業は何年もの間、PBR（株価純資産倍率）1倍未満の割安な銘柄が多く存在します（上場企業の約半数）。そこにコーポレートガバナンス改善の必要性がある。そのことから、アクティビストから提案を受けやすいのだと思います。

そもそもPBR1倍未満というのは、「解散価値以下」の株価水準であり、そうした会社への投資は、その企業の経営を「評価できない。良くない」と大半の投資家が思っているということなのです。つまり、その企業経営者が投資家から見て及第点に達していないことを意味します。

ですから、PBR1倍未満の企業の経営者には叱責が必要になります。そうした観点からアクティビストに対する期待は大きいのです。

当然、機関投資家もコーポレートガバナンスとスチュワードシップ・コード（機関投資家のあるべき姿を規定したガイダンス）に縛られています。ですから私が、斉藤さんの言葉を引用した理由は、国民にとってどの人が経営者として一番、相応しいのか、年金を運用する立場に立って、この人なら将来、未来を託せるのかを考えて判断をする。そのように動いていけば、会社の経営もいい方向に向かっていくのではないかと思っています。

■コーポレートガバナンスでしか日本を救えない

牛島　ただ、田原先生がご指摘されたように、上にへつらうような人物を次期社長として認めるような経営者、または取締役はダメだ。こうした会社への投資は控えるか、株を所有している場合は売却する。こういう雰囲気が出てくるのではないか。そして、機関投資家が良質なアクティビスト（ガバナンスファンド）と協力して、会社の体質や経営トップを大胆に変えていく。それが私の現時点での期待なのです。

それが、うまく行くかどうか、決して楽観的になれません。だが、少なくとも、社外取締役に対してはもっと、頑張ってもらわないといけないと強く思っている次第です。

これは、私事で恐縮なのですが、2022年9月に『日本の生き残る道』（幻冬舎）を出版しました。副題は「企業統治が我が国を救う」です。ある古くからの友人に差し上げたら、すぐに一読してくれ、「君の言うとおりだ！　コーポレートガバナンスでしか日本は救えない。政治では無理だ。海外の力を借りることも必要かもしれない」と言ってくれたのです。官庁のなかの官庁といわれる役所で事務次官を務め、その前には首相の事務方の筆頭秘書官も務めた友人です。その友人がわざわざ私に電話をくれ感想を述べてくれたのです。正直、私は嬉しかったし、私の考えで間違いはないのだと確信した次第です。

■富士ソフトの株主提案が試金石になる

牛島　そこで、こうした観点に立って私は行動をとっています。

独立系ITベンダーの富士ソフトに対して、大株主の投資会社3Dインベストメント・パートナーズが独立社外取締役4人の追加選任を要求するなどしたことについて、私は3D側の法務アドバイザーに就いたのです。そもそも私は2022年3月に3D代表の長谷川寛家氏と会い、「日本の会社は中長期的に成長できるようにならなければいけない」と意見が一致したのでした。もし、長谷川氏が短期的な金儲けをしようと考えていたら、私は手伝いませんでした。

田原　だけど、富士ソフトのどこが問題だったの。

牛島　富士ソフトはソフトウェアやシステムの開発会社ですが、過大な不動産投資などした結果として、資本効率や事業効率が業界平均の半分程度となっているとのことでした。個人商店ならそれでもいいでしょう。しかし、富士ソフトは上場会社です。それでいいわけがないのです。

富士ソフトの使命は、すべてのステイクホルダーにとって中長期的視点に立って素晴らしい、良い会社になるよう変貌していくことです。そのためには、不動産を処分して、そこで生まれたキャッシュを、ソフトウェアやシステムのビジネスに投じて発展させるべきです。

なぜ、そう言えるのか。同業他社と比較して、富士ソフトは半分しか利益を出していない。それは、不動産投資に経営資源を使うなどしているからです。

上場会社にとって経営者の信念、理念は重要です。しかし、ステイクホルダーを説得できる信念でなければいけない。富士ソフトはそれができていません。だから、３Ｄは今回、株主提案を実施したわけです。

提案のポイントは「あなたたち（現経営陣と現在の社外取締役）だけではうまくいかないから、独立した社外取締役を追加しましょう」ということです。

だから、3Dは会社と3Dのいずれとも利害関係の全くない4人の専門知識を持った社外取締役の選任を求める株主提案に踏み切ったのです。アメリカの議決権行使助言会社インスティテューショナル・シェアホルダー・サービシーズ（ISS）から4人の候補のうち、3人について賛成推奨を受けました。

いずれにしても、外部の専門家（社外取締役）を交えることで、今後、どのように経営の舵を取るべきか真剣に議論できる。その結果、社外取締役が現経営陣、執行役員の意見に納得できたのなら、株主総会でそう説明すればいいし、そうでなければ専門家の提案を執行役員は実現していかなければいけない。

田原　その効果は大きいね。

牛島　富士ソフトで成功すれば、大きなインパクトが生まれるのは間違いないと思います。上場していながら、オーナー企業だと思い込んでしまっている経営者は多い。そこに、「喝」を入れられるか否か、その試金石になるはずです。

今回の３Ｄの提案によって、富士ソフトが成長路線を歩むような会社に変貌すれば、それを見た他の上場会社にも影響を及ぼすでしょう。執行役員だけではなく、社外取締役にも「お友達ではダメなのだ」という意識が芽生える。

そうなれば、前述したアクティビストと機関投資家の「幸福な同棲」が、この日本を大きく動かすことになると期待しているのです。これが、「失われた30年」を40年、50年にさせない唯一の方法だと私は確信しております。

田原　なるほど、私も賛成です。

(2) タブーを打ち破る勇気を持とう

■日本の教育システムに大きな欠陥がある

牛島 田原先生にご質問をいただいております。教育についてです。

優秀な人が後継者になっていく、そういうシステムが重要ではないかと思うのですが、その観点からすると教育が重要なポイントではなかろうか。エリート教育という観点が日本の教育には欠けていると考えますが、田原先生のご意見をぜひ頂戴したいと。

田原 昔、宮澤喜一さんが首相のとき、彼が何度も僕に言ったことがあります。「日本の政治家は先進国首脳会議や、G7に出るとまったく発言できない。困ったことだ」と。

それは、単に英語ができないからという話ではない。教育が悪い。

牛島 どういうことですか。

田原 僕が宮澤さんに聞くと、「日本の教育は小学校、中学校、高校、大学、だいたい先生が正解のある問題を出す。正解を答えないと怒られる。だから、政治家たちも正解を答えないといけないと、思い込んでいる」と。ところが、先進国首脳会議やＧ７で議論するときは、正解なんてない。そもそも、どうしていいか、正解が分からないから会議をする。

牛島　だから、みんな集まるわけですね。

田原　そう。つまり、「教育が悪いから、正解のない会合でどう発言したらいいのか、分からないのです。まったく（日本の）教育はできていない。困ったものだ」と、宮澤さんが嘆いていました。

牛島　宮澤さんご自身は大丈夫でしたか。

田原　それは自分も含めてと言っていた。ところが、今でもダメなのです。

僕はあるとき、文部科学省の幹部に日本の大学入試が間違っていると指摘したことがあります。現在でも、大学入試は正解のある問題を学生に出して、正解を答えないと受からない。しかしそれは間違っていて、いかに受験生に想像力があるか、これを判定できるような入試システムにしろと言ったのです。

そうしたら、文部科学省の幹部は「田原先生のおっしゃる通りだが、そんなものを判定できる教師、学者はいません」と言われてしまった。（笑い）

■学生時代の教育はつくづく大切

牛島　それは確かにそうですね。これこそ、まさに鶏と卵にもなっていませんが、田原先生はどのように考えられたのですか。

田原　これは、ちょっと余談となりますが、実は僕ね、中学生の時に先生を一人辞めさせたことがあるのです。歴史と社会科担当の先生でした。教師にはアンチョコ（参考書）があることを知って、僕はそれを手に入れて、アンチョコと違う観点からガンガンに教師に質問するわけです。アンチョコの答えより、もっと大きな観点から「こういう答えがあるのではないですか」と連日、問い質したら、ついにその教師が辞めてしまったのです。

さらに、テストでアンチョコと違う答えをわざと書いて、不正解になります。すると、僕は教員室に答案用紙と辞書を持って行って担当の先生に抗議をしたことがありました。決められたことを、ただやるのは大嫌いでした。そういう喧嘩は楽しかった。

そして、高校生になって忘れられないことがあります。教師に「なんで人は学ばなければいけないのか」と質問をしたのです。そうしたら、2人の教師からは訳もなく怒られましたが、3人目の教師は真正面から答えてくれたのです。

「今、田原君の生活は理科や数学、言語、芸術、社会など、これまで人類が学んできた総体でできています。それを理解しないと、この社会を当たり前に思い、大事にしていこうという思いが失われてしまうでしょう。その思いがなくなったら、今の幸せな生活は消滅するかもしれないね。だから学ぶのです」と僕を諭してくれました。

その教師とは僕が社会人になってもお付き合いがありました。こうした経験を踏まえて今の自分があるような気がします。だから、学生時代の教育はつくづく大切だと感じています。

■サンデル教授の「白熱教室」

田原　そして話は長くなりますが、僕が面白いと思ったのは、アメリカのハーバード大学教授のマイケル・サンデル氏の授業。数年前に講義している内容がＮＨＫの「白熱教室」という番組名で放映されました。正解のない問題を学生に投げかけ、その問いに学生は想像力を巡らせ、自由に答えるのです。正解のない授業で、非常に面白かった。

その番組内容を思い出すと、こういう質問がある。サンデル教授は「電車が走っているレールの先は、二つに分岐しています。左側では５人のスタッフが工事をしているが、電車の接近に気が付かない。右側にも同様に1人が工事をしていて、やはり電車が接近していることに気付いていない。しかも、電車のブレーキは壊れていて止まれない。その時、運転士は左か右か、どちらのルートを選択すれば正しいのか」と、学生に尋ねる。

すると、多くの学生は右を選択する。当然、犠牲者が少ないほうを選択する人が圧倒的です。ベンサムの「最大多数の最大幸福」につながる考え方です。

しかし、場面は変わって、ある病院の場合の話です。その病院には5人の患者が移植手術を待っている。その移植すべき臓器は、心臓、腎臓、肝臓、すい臓、肺で、移植をすぐにでもしないと命は助かりません。そのとき、その病院に元気な若者が1人いて、今は待ち合い室で寝ています。医者はその若者からそれぞれの臓器を取り出せば、5人を助けることが可能です。

さて、医者はどう決断するのが正しいのか。

すると、多くの学生はその若者から臓器を取り出すのに反対する。当然です。しかし、先の電車の事例では1人を犠牲にして5人を助けるべきだというのが、圧倒的な意見だった。今度は5人を助けず、若者1人を助けるべきだという。1人を殺せば5人が助かるのに。

この矛盾をどう説明するのか、とサンデル教授は学生に説明を求めます。そこで、学生間で大論争が巻き起こるという寸法でした。

■想像力と論争する力

田原　また、これは経済に関する事例でした。アメリカで巨大台風が発生、上陸し、多大な被害をもたらしたとします。その時、一軒のパン屋を営んでいた経営者が通常、1個1ドルだったパンを、何と50ドルで売りだした。被害を受けた人々は食べるものに困っているのに、暴利をむさぼるとはけしからんと、それを非難できるだろうか。

そもそも、それは悪いことなのか。当然、人道上、無償で提供すべきだというのが、人間として正しい選択、考え方なのか。

しかし、50ドルで売って大儲けしたと伝えられた瞬間、アメリカ中のパン屋が大儲けしようと被災地に殺到することだって考えられる。そうすれば、被災地にパンは行きわたり、しかも、需要と供給の関係でパン価格は徐々に下がる。結局、元通りにパン価格は低下して、被災者全員にパンが行き渡る。どっちが「正義」なのか。

さらに、金持ちに高い税金を課して、貧しい人々に再分配することが、果たして公平、正義なのだろうか。

また前の世代に犯した過ちを、現在、生きている私たちが償う義務があるのか。

このように、私たちが生きていくうえで、重要な問題を次から次へと提起していきます。そこには正解はありません。いろいろな意見がある。それを学生たちに求めていくのです。

こんな授業でした。もちろん、ここでの質問設定は細かい点では正確ではありませんが、僕が言いたいのは、そういう授業が日本の大学ではなされていないという点です。

正解がないのだから、自由にAともBともCとも答えることができる。そして議論を闘わせる。想像力と論争する力、今の日本は両方ともない。

■いかに「空気」を破り続けるか

牛島　いや、田原先生、文部科学官僚の答えではないですが、どうやって入学試験を行い、誰を合格させたらいいのか、難しいと思います。

田原　いや、入学試験ではなく、少なくても授業でやる。

牛島　それは、できそうですね。正解のない中で考え、そしてディスカッションをする。自分がある立場を取ったら、それを深く思慮し、いろいろな立場や意見を持つ人と対決する。その議論の中で、正当性をぶつけ合うというわけですね。

田原　日本人は想像力の問題とディベートが下手だ。それを修正していかないと、いけない。

牛島　それは、日本文化の奥ゆかしさ、奥深いところを先生はおっしゃっていて、「忖度《そんたく》する」というのはある意味、日本の文化でした。言わず語らず、語らずして悟らしめる、それは一つの日本文化だったのですよね。しかし、最近は悪いイメージで使われています。

田原　だから昔、山本七平さんという評論家が、僕に、「田原君、日本ではね、『空気』を読まないと生きて行けない」と言われたことがあった。だから、僕は今でも言っている。ジャーナリストはいかに、「空気」を破り続けるかであり、それを僕はやっているつもりです。

牛島　田原先生は相当やられましたね。

田原　総理大臣を三人、失脚させた。

牛島　そういう田原先生には、あと20年は頑張っていただかないと。

■田中角栄にカネを返した

田原　それと、これはオフレコですよ。

牛島　みんな聞いていますけど。

田原　小渕内閣のときに、野中広務官房長官が官房機密費を学者、評論家、ジャーナリストに配った。それをみんな受け取ったのです。後に、橋本内閣となって、受け取らなかったのは、日本で田原総一朗、ただ一人と言われた。

　これで、僕はすっかり信用された。なんで、受け取らなかったのか。それは二つ理由がある。みんな、欲が深いから受け取るのではないのです。受け取らないとケンカになるからです。

牛島　そうですか。今の表現は微妙ですね。

田原　それでね、何で僕が受け取らないですんだかというと、田中角栄さんの時代におカネの受け取りを断ったからです。

　ある日、田中角栄氏に僕はインタビューすることになった。その時、秘書だったH氏が僕に100万円のカネを出して渡そうとしたことがあった。

そのときは一旦、受け取ったのですが、後日、田中事務所に行って、Hさんにハッキリとおカネを返したいと申し入れた。そうしたら「田原君、君は分かっていないね。おカネを返したら、親父（田中角栄）は怒って今後、一切取材できなくなるぞ。それでもいいのか」と凄んできた。当時の田中角栄氏は政界のドンと呼ばれていて、絶対的な「力」を持っていましたからね。

それで、30分ぐらい押し問答をして、最後に僕は最敬礼して、何とかおカネを受け取ってほしいと言って返しました。しかし、秘書に（カネを）受け取らなければ、ジャーナリスト生命は断たれると言われたので、事務所に帰っても心配で。正直に言うと、僕は小心者で、本当はビクビクものでした。

そうしたら、二日後に田中角栄さんの秘書から「田原君、親父がインタビューをOKしたよ」と電話があった。田中角栄が怒ったら、僕はおしまいでした。それで、僕はすっかり田中角栄を信頼するようになったのです。

それ以後、中曽根さんなどみんなおカネを持ってくるけど、「ドンの田中さんに返したので、あなたから受け取るわけにはいかない」と言って、みんなを説得させた。それ以来、みんな僕におカネを渡さなくなったね。

もうひとつある。実はある大新聞社の有名なジャーナリストに、「田原が受け取らなかったのは、フリーだからだ」と言われたのです。大会社の一員で受け取らなかったら、先輩や同輩に対する裏切り行為にもなる。先輩も同輩も全部、受け取っているから。だから、田原はたまたまフリーの立場だから受け取らなかっただけだ、という話があって、ひとつのセオリーになりました。

牛島　田原先生はフリーだから、受け取らないですんだけど、自分がたとえば巨大新聞のある地位、立場にいた場合、断ることはできますか。または組織のためだと思って、受け取りますか。どうお考えですか。

田原　その質問に対してはノーコメントです。

■ジャーナリストとしての矜持を守る

田原　僕はタブーを破ってジャーナリストとして真実を追及してきました。私が司会をしていた番組の中での発言に対して、僕の家に街宣車が押し寄せたことがありました。

そして、ある人の仲介で右翼団体の人たちと直接、対峙して話し合うことになったのです。場所は東京の九段会館、当日は街宣車が数十台押し寄せ、2時間ぐらい討論をした記憶があります。

そのとき右翼の人は約200人いましたね。そして、僕1人と200人の話し合い、討論となった。最初は怒号が飛び交いました。それでも、討論は続きました。

それが、片付いたと思ったら、今度は別の右翼の人からも討論しようと声がかかり、そこで高田馬場の某ホテルの会場で50人と話し合ったと記憶しています。それから、右翼の抗議はいっさいなくなりました。右翼の人たちもこの国の先行きが心配なのです。その点は理解できるし、僕と思いは同じです。

■タブーだった天皇の番組を企画

田原　さらに、「朝まで生テレビ!」でも、これまでのタブーを打ち破った番組を放送したことがありましたね。このテレビ番組が始まったのは1987年で、昭和天皇がご病気になられて危篤状態が続いていたころです。

その時に僕は、今こそ天皇の戦争責任を真正面から取り上げるべきだと考え、番組のプロデューサーと相談したのです。

テレビ朝日の編成局長に番組担当のプロデューサーが「天皇の戦争責任を番組で取り上げたい」と提案すると、「バカヤロウ」の一言で拒否されてしまった。でも、それから3日、4日過ぎて、再び「天皇をやりましょう」と提案をしたが、編成局長は「バカヤロウ、分かっていないのか」と。

しかし、そのプロデューサーが偉いのは、負けずにまた同じ提案をしたのです。「お前は忘れっぽいな、忘れたのか」と三度拒否です。それで、4回目に僕がプロデューサーと一緒に編成局長のところへ行き「番組企画を変えました」と報告したのです。

当時はソウルでオリンピックが開催される予定でしたので、「オリンピックと日本人」という番組をやりますと申し上げた。そうしたら編成局長は「それはとてもいい」となり、ソウルオリンピックを番組でやることにしたのです。

■天皇の戦争責任を取り上げた

田原　だけど、話はそれで終わらなかった。「朝まで生テレビ!」は生番組です。しかも、夜中に始まり、終わるのが早朝。その時間帯は当然、編成局長は寝ています。ですから、途中で番組内容が変わっても、編成局長は分からない。

僕とプロデューサーは編成局長の許しがないのに、その日の番組内容を変えることにしたのです。番組冒頭の40分は「オリンピックと私」ということで、オリンピック選手に出演してもらいました。

そして、僕が番組の途中で、「今日はこういうことをやる日ではないと思う。やっぱりテレビで初めてだと思うが、天皇の戦争責任について討論したい」と切り出し、コメンテーターも映画監督の大島渚、作家の野坂昭如、作家・評論家の小田実、西部邁などに入れ替えたのです。

最初は、みんなおっかなびっくりで、なかなか本格的な討論にならず、周囲のことばかりしゃべっていた。それを聞いていたプロデューサーが怒りだした。

それで、ようやく天皇制について本格的な議論に入ることができました。これまで、天皇の戦争責任について真正面から取り上げたメディアはありませんでした。それは一種のタブーだったのです。この番組が放送されている最中、スタッフたちは右翼が乗り込んでくるのではないかと戦々恐々としていましたね。

それで僕は、週明けの月曜日に編成局長のところへ行って、「ごめんなさい」と謝った。僕は降板を覚悟していたのですが、それどころか視聴率が予想以上に良かったので、「またやって」と編成局長に言われたのです。

「朝まで生テレビ！」にしても、「激論！クロスファイア」（ＢＳ朝日）の担当プロデューサーにも「番組を続けると思ってくれるな。一回、一回、真剣勝負で行こう」と言っている。そういう気構えで番組を制作しているから、逆に長続きしているのだと思う。でないと、いい番組はできません。

僕はジャーナリストだけど、役人、ビジネスマン、経営者などすべての人も同じ立場だと考えています。いかにタブーを破って、新境地に立つかが大事なのだと思う。

■ガッチリ組み上がっている組織をいかに崩すか

牛島　それが、私が先ほど申し上げたように、戦後・日本の社会というのはガッチリ組み上がっていて、役所にしても、巨大メディアにしても、企業でも、どこでも、みんな変わったことをやる人は、弾き飛ばされてしまう。田原先生が先ほど言われましたが、ただ上司の言うこと、命令を聞いていればいい。

田原　「空気」を読まないといけない。前述したように、山本七平さんが、「この国で、一番やってはいけないことは、空気を破ることだ。それを破ったら生きていけない。みんな空気を読んで同調する。同調しないと生きにくい」と言っていましたが、その通りだと思う。

テレビ界で最近、コンプライアンスがうるさく言われるようになった。法律を守ると訳されていますが、法律の意味は別なところにあります。

狙いはクレームの来ない番組を作ること。クレームをテレビ局は以前に比べて非常に恐れています。なぜかというと、昔のクレームは局に直接、電話があり、プロデューサーが「すみません」と謝れば終わった話でした。

ところが、今ではクレームはネットで炎上します。すると、大騒ぎになって、下手をすると番組自体が中止になる可能性があるのです。ですから、局は無難な番組作りに終始するようになるわけです。

マスコミだけではなく、会社の中、大学の中、主婦の間でも、「同調圧力」が強くなって、若者たちはもちろん、それに従います。日本の教育も空気に合わせるような授業しかやってこなかったわけです。

こうした中、先ほどの話に出て来ましたが、伊藤忠の元会長丹羽宇一郎さんと話して、日本がダメになったのは社員が本当のこと、正論が言えなくなったからだというのです。

たとえば、数年前に東芝が7年間も粉飾決算をしてきた。東芝の中堅社員なら当然、分かっていたはず。なぜ、それを正すべく社員が正論を発言して来なかったか。それを言ったら間違いなく即、左遷だからです。つまり、上司の命令だけを素直に聞いて、実行する。自分の意見はいらないというわけです。だから、日本の企業では不祥事が絶えないのです。

■ない物ねだりなのか

牛島　そういう事から変えるというのは、ほとんどない物ねだりに近くて、日本はますます没落するしかないのか、という気持ちになってしまう。

でも、企業で不祥事が起こるたびにニュースになりますが、報道は問題の本質を見ていません。私はメディアの方にいつもお願いするのですが、「社長」がいつ辞任するかばかりを報道するのではなく、その10分の1でいいから「社外取締役は誰なのか。不祥事が起きた時に、その社外取締役は何をしていたのか」を取材して報じてほしい。仮に、その社外取締役が「私はよく事情を知らなかったものですから」と言い訳をしたら、その事自体を実名入りで報道すべきです。取締役会は機能していたのか、それが、問題の核心のはずです。

取締役会は業務執行を監督する機関であり、内部統制システムの構築にかかわる決定もします。不祥事の発生・発覚は、その構築が不十分であったことを示しているのではないか。不祥事は有事です。取締役会は対応を社長任せにせず、自ら原因究明と再発防止策、その開示などに乗り出さなければならない場合があります。社外取締役のいる取締役会にしかできないからです。

とはいっても、社外取締役が社内情報を把握するのは確かに難しい。だけど、非常勤の社外監査役には、主として社内監査役である常勤監査役という強い味方がいます。監査役会で社内事情に詳しい常任監査役から事情を聴くことができるのです。しかし、社外取締役にはそのようなサポートがなく、与えられる情報に頼るしかないことが多い。

ですから社外取締役が機能するためには、正確かつ十分な情報の提供が不可欠です。社外取締役への情報提供で重要な役割を担うのは、取締役事務局です。事務局に社外取締役専属のスタッフを置き、社外取締役による情報収集のサポートを行っている会社もあるのです。

有事に自浄作用が働くかどうかは、社外取締役への情報提供、要は取締役事務局の働き次第とも言えます。この事務局を充実させることが急務だと思うのです。

田原 なるほど。だけど、不祥事が頻発する日本の企業体質の根底には「同調圧力」があるような気がします。僕はそれに対抗し続けたから、いまだに仕事があると思う。

牛島 それは、田原先生が一人でやり続けてきたことでしょう。どこの組織、新聞、テレビとは申しませんが、他ではそうではなかった。

田原 やっているところは、今でも数は少ないけど、あると思いますよ。

■日本には「社会」でなく「世間」がある

牛島 そうだとしても、日本中に今風に言えば「忖度文化」があるのですよね。

田原 それを変えない限り、日本は良くならないね。

「同調圧力」という言葉に関していうと、「社会」と「世間」という言い方があります。西洋文明によって発展したアメリカ、ヨーロッパには「社会」がある。

つまり「社会」は個人の自由があって当然、個人が尊重されます。一方の日本では、「社会」ではなく「世間」がある。だから、日本の人々は「世間」から仲間外れにされるのが怖いのです。

　ということは日本社会において、個人を基礎にする考えはないと言えるでしょう。僕が言いたいのは今、日本の企業には明らかに「社会」ではなく、「世間」があるという事実です。日本企業に「社会」を取り戻すために、まず日本政府が主体性を持って、一般国民もそうですが、日本企業の経営者、そして学者、ジャーナリストも含めて社会全体が、勇気を持って変えていく気構えがないといけない。

■変えるカギは独立社外取締役にあり

牛島　そうなのです。その観点から日本の企業を変えるカギが、独立した社外取締役だと思っているのです。私の勝手な期待ですけれども。

田原　なるほど。

牛島　カルビーの当時、会長でした松本晃氏や、良品計画の松井忠三元会長にも話を伺いました。社外取締役というのは、社長が事実上、決めるのです。ですから、社外取締役といえども、現社長の息がかかっていることになる。それではダメなのです。そういう事情に精通しているからこそ、とくに松井さんは「だから私は、私のクビを取ってくれるような、私の耳に嫌なことを言ってくれるような人に次の社外取締役をお願いするのだ」と強調された。

田原　それは、素晴らしい。

■答えがない問題に取り組む

牛島　それで、私は名のある経営者たちに社外取締役は役に立ちますか、どう思われますかとよく聞きます。つまり「結局、社外はお飾りになっていませんか」と。

志の高い経営者は「そんなことはないですよ、牛島さん」、「社外のみなさん、それぞれの考えをおっしゃっていただけている」と言います。したがって私は、独立社外取締役という制度の支えがあって、そして今、育ちつつあるな、もう少し時間はかかるが、大丈夫だと思っているのです。

田原　それは、面白い。ぜひ、推進してほしい。

牛島　それが実現すると、社長の後継者を現社長が選ぶとか、あるいは昔、「御髭《おひげ》の塵《ちり》を払う」といいましたが、ご機嫌取りのうまい人が次期社長になるのではなくて、田原先生が先ほど言われた「答えのある問題ばかりを解くのに長《た》けた人間」ではなく、答えがない課題に、自ら考えて、こういったやり方もある、ああいったやり方もあると道を探る。そういう人間を次期社長に据えることが可能となります。

想像力とおっしゃいましたが、そういう人が少しずつ社長として増えていく。すると会社は田原先生の問いかけにもあった、「じゃあなんで、日本でＧＡＦＡＭが誕生できなかったのか」、それが、できるようになるのではないかな。

ただし、私は欧米の真似をすべきとは思いません。日本の伝統、歴史をふまえた日本にとってベストのコーポレートガバナンスが確立されるべきだと思っているのです。

■マーケットにない物をつくるソニー

田原　昔、僕はソニーの盛田昭夫さんと親しかった。盛田さんが言われた言葉が、今でも印象に残っている。

「田原さん、ソニーというのはね、世界中のマーケットにないものを開発していくのです。そうすれば、付加価値があり、高く売れる。だから、成長するのだ」と。

また、創業者の一人、井深大さんがかつて日本経済新聞の「私の意見」（１９６６年６月13日付）に書かれていましたが、デュポン社の人から「当社の５年後の売上高の60％はいま存在しない商品であろう」と聞かされて驚いたと、感想を述べていました。それが、ソニーのDNAになっていると思う。

牛島 まさに、そうですね。でも、そういうことは、急にポツンと出てこない。一つ一つ、石を積んでいくしかない。

田原 それとね、世界中のマーケットにないものを開発するためには、3回、4回失敗しないといけない。

牛島 まったく、そうです。

田原 それが、企業にとって怖い。

■ジョブ型雇用に傾斜

牛島 田原先生が言われた「失敗してもいいということを許容しないとダメだ」とは、経営共創基盤CEOの冨山さんも指摘していました。

後継者だからと言って、楽なコースを歩かせてはダメなんだと。後継者だからこそ辛いコースを行かせる。ただし、失敗してもそれでいい。失敗を会社全体が受け止めなければいけない。それを強くおっしゃっていた。

それと、私はガバナンスのことを考えると、日立製作所の川村隆さんが社長に登場したことを思い出します。

田原　川村さんは素晴らしい経営者です。その日立では、年功序列や終身雇用をやめてしまった。

そして、特筆すべきは日立において2022年7月に、全社員を対象に「ジョブ型」雇用*を採用したことです。日本では「メンバーシップ型」雇用**が主流ですが、企業側が必要としている技術・能力を身につけるジョブ型に傾斜しつつあります。

*「ジョブ型」雇用……働き手の職務内容をあらかじめ明確化して雇用する。
**「メンバーシップ型」雇用……幅広い仕事を経験する総合職型で、終身雇用と一体となっている。

ジョブ型にすれば、賃金も上がりやすくなり、転職もしやすくなる。一方、企業側からすると必要な人材を機動的に募ることもできる。それと同時に個々の社員のレベルアップが図れるというメリットがあります。このジョブ型を巡っては、KDDIが2021年より全総合職に適用しました。また、三菱ケミカルも2021年4月から全社員に導入しました。

■川村氏を日立の社長に選んだ人

牛島　これは、いい変化だと思います。

私は、川村さんが社長になった時のことを思ったのです。川村さんはすごい経営者に間違いない。そのすごい人を社長にしたのは誰なのだと。

実は庄山悦彦さんという社長が、川村さんを次期社長にすると決定したのでした。自分の言うこと、命令だけを聞くような、コピー人間を次期社長にしても、ダメな時が来ていると分かっていたのです。だったら、子会社に出した川村さんを戻さないといけない、という判断で川村さんが新社長になったわけです。そして、川村さんが日立を引っ張り始めました。

そういうことがどこの会社でも起きてくれれば、日本の会社は変貌を遂げるでしょう。それをやらなきゃいけない。いわんや、日本の会社は外国にたくさん進出しているのですから、従業員の過半は外国人である会社がたくさんある。

田原　面白いのは、日本の電機産業がだいたいダメな中で、日立はいい。

牛島　いい会社とダメな会社の違いについてはどう思われますか。

田原　社長ですよ。

■いいリーダーをただ待つだけではダメ

牛島　その通りです。ですから私は、繰り返しになりますが会社はリーダー次第だと強く思っています。だけど会社は、リーダー次第と言って、素晴らしいリーダーが誕生するのをただ待っているだけではダメです。よいリーダーを作り出すシステムが重要となってきます。

では、そのシステムとは、何なんでしょうか。

そのシステムを創り出すとすれば、やはり外側の人間の声を生かすしかない。外側というのは、多様性という観点から見れば、女性であり、外国人であるということではないか。私は持論の一つとして、取締役会、少なくとも、社外取締役には女性を一定比率入れないといけないと考えています。

田原　僕はそれを安倍首相の末期にやろうとした。前回の講演会で触れましたが、産業構造改革で取締役の３分の１は女性にするよう提言しました。

牛島　それは、一見、無茶なことのように聞こえますが、無茶であってもよほどの冒険をしないと、日本の産業は復活しませんよね。

田原　その通り。

■産業構造の改革という冒険は誰が導く

牛島　その冒険のひとつが、今、田原先生が言われた産業構造改革だと思う。そういう冒険をする提案は、リーダーシップのある総理にしか出てこないですよね。

個別の会社も独立した社外取締役を選ぶことによって、社長をAにしようか、それともBにするか、いやCにしようかというときに、Aはこういう男です、Bはこういう女性です、Cはこういう外国人ですとなり、社外取締役が主導して、じゃCだと。そういうことが重なって行って、それでも、田原先生が指摘されたように、うまく行くとは限りませんよね。3回、4回と失敗をする。失敗しても、それはいいじゃないか、という雰囲気はまだないと思う。

田原　いや、逆にいうと、30年前から失敗してもいいという雰囲気はなくなった。その前はあった。

牛島　なるほど。

田原　つまり、中曽根内閣の当時、日本はアメリカにいじめられて、大不況になって、そこから、失敗を許すという雰囲気がなくなった。

牛島　みんな守りに入ったと。

田原　そう。失敗が怖くなったのです。それを打破するためにも、牛島先生にはもっと頑張っていただかないといけない。

■日本のために頑張る

牛島　視聴者からこういう意見をいただいております。「田原先生はいつまでも、日本のために頑張ってください」と。

田原　ありがとうございます。

牛島　我が国は世界最大の債権国である一方で、ＧＤＰは横這いですと。この停滞の原因は緊縮財政にあるのではないかと思いますが、田原先生はどうお考えでしょうか、お教えくださいという質問が届いています。

田原　アベノミクスはアンチ緊縮財政でしたね。

牛島　したがって、この問題については、手が打たれているので、一定の効果が表れつつあるというのが、田原先生の見解でしょうか。

田原 そうではなくて、アベノミクスのアンチ緊縮財政を実行したのはいいが、成長しなかった。そして安倍さんは日本の産業構造、企業経営を抜本的に改革しようとして、やらないで辞めてしまった。

牛島 途中で辞めてしまった。

田原 それを今度は菅さんにやってもらおうとしたら、コロナで自分は忙しいからと言われた。だから岸田さんにやってもらわないといけない。

■危機感を持つのが怖い?

牛島 もう一つの質問はなかなか辛口で、日本はさらに衰退する可能性が高い、と前置きされて日本の政界、財界は楽観的すぎないか。危機感が足らないのではないか。田原先生はどう思われますか。

田原 楽観的ではなくて、危機感を持つのが、怖いと思っている。

牛島 どういう意味ですか。

田原 危機感をいうと、みんなからはじき出される。楽観的ではないのだけれど、危機感を持って対応するというのは、正論ですよね。それを主張すると仲間からはじき出されてしまう。

牛島　そうすると、田原先生は政界、財界人は楽観的なのではなく、危機感をいうと弾き飛ばされる。それが怖い。我々サイドの問題ですか。

田原　危機感は、言わないといけない。僕は政治家に事あるごとに言っています。

牛島　それから、先ほどの議論で若干触れましたが、中長期的成長を目指すアクティビストが日本で活発になってきました。経営陣に揺さぶりをかけていますが、いいのでしょうか、悪いのでしょうか。田原先生のお考えはいかがですか。

田原　（経営陣に揺さぶりをかけることは）いいじゃないですか。

■岸田政権は憲法改正を実施する

牛島　次の質問ですが、岸田政権は憲法改正をやるでしょうか。

田原　やると思います。その前に日本の安全保障をどうするかという点を、徹底的に討論しないといけない。憲法改正は、「戦争をしないための憲法改正」を目指していく。

牛島　おっしゃる通りです。

もう一問、抽象的な質問ですが、田原先生の目から見て、この日本が最も必要とされるものを一つだけ挙げるとしたら、何でしょうか。

田原 やっぱり強い「経済力」でしょう。この30年間、ずっと劣化してきたので、経済力の回復が必要です。経済が良くなれば、みんな元気になります。経済がダメだから、今は落ち込んでいる。

牛島 私は経済というものは、結局、賃金、給料に反映されないといけないと思っています。

田原 だから、賃金をコストとして考えている以上は、ダメですよ。

牛島 その考え方を切り替えれば良くなる。投資と考えるべきだと。

田原 そう。投資と考えるのなら、終身雇用を止めなければいけない。

牛島 いろいろとお話を聞かせていただきましたが、時間が来てしまいました。

今日はお忙しいところありがとうございました。

田原 いつでも、お役に立てば伺います。

日本コーポレートガバナンス・ネットワーク主催のWeb講演会
（第1回、2021年7月7日）
（第14回、2022年8月24日）
の内容を加筆修正してまとめました。

あとがき

牛島　信

田原さんとの出逢いは劇的だった。

本文（18頁）にあるとおりだ。私は1997年に『株主総会』（幻冬舎）という小説を書いた。金融危機が始まったころで、総会屋と金融機関の関係を突く特捜部の捜査が燃え盛り、この本の宣伝になりますねと当時の編集担当の方と話したものだった。おかげで、本は売れた。

それがきっかけでテレビ番組に呼んでいただいたのだ。生放送で、司会の田原さんにメモが渡された瞬間のことなど、鮮明な記憶がいまでもある。

田原さんは当時、意欲にあふれ、それは今も少しも変わらない。

その後、私は「失われた30年」について自分なりに勉強し、まだわからないので、NPO法人日本コーポレート・ガバナンス・ネットワークの特別プロジェクトとして毎月一人のゲストをお招きして話を多くの視聴者と学ぶ企画を立てた。

その最初の方として、田原さんにお願いしたのだ。

ご自宅を訪ねて目的と出演依頼をした私に、田原さんは、

「失われた30年は、85年のアメリカが原因だよ。プラザ合意だ」

と、私の長年の疑問を解き、断言された。

やはりそうだったのか、と悟った私は田原さんに第一回目のゲストとしての出演を、おずおずとお願いした。

「わかった！　出る」

その場での即決だった。

国を思う気持ちが通じ合った瞬間でもあった。

もちろん、田原さんの経験と構想力は古今東西に及ぶ。私はその一部に付いてゆくことができるだけに過ぎない。本文を読まれれば、私が導入の質問しかできなかった部分がそれである。

田原さん登場の特別プロジェクトの第一回目は2021年、令和3年の7月7日だった。

そして、第14回目、令和4年8月24日の最終回に田原さんに出ていただくまでに、寺島実郎さん（一般財団法人日本総合研究所会長）、鈴木茂晴さん（大和証券グループ本社名誉顧問）、冨山和彦さん（経営共創基盤グループ会長）、白石真澄さん（関西大学政策創造学部教授）、但木敬一さん（元検事総長）、猪瀬直樹さん（作家・参議院議員）、菊池正俊さん（みずほ証券エクイティ調査部チーフ株式ストラテジスト）、橋本孝之さん（日本アイ・ビー・エム名誉相談役）、高山与志子さん（ジェイ・ユーラス・アイアール取締役）、佐々江賢一郎さん（日本国際問題研究所理事長）、山口利昭さん（山口利昭法律事務所代表）、中尾武彦さん（みずほリサーチ&テクノロジーズ理事長）の12名の方がご参加くださった。

それが現在のBSテレ東の「これだ！日本」に続いている。

この番組の第一回には、岸田総理にご出演していただいた。「新しい資本主義」について縦横に語っていただいた。今も継続中である。

なぜ30年が失われたのか。

第４章前半に私の考えを述べた。田原さんに教えていただいたことが土台になっている。日本は未だに安定した構造を獲得していない。それが現在の私の考えである。コーポレートガバナンスは主として欧米の模倣である。模倣したのは半ば強制されたからだと私は考えている。それだけで失われた30年が40年になることを防ぐことができるとは思っていない。しかし、それしか手元にないことが現実である。

私の畏友・丹呉泰健氏は、私の考えに賛成してくれた（本文１８０頁）。私には、日本のエリート中のエリートとしての道を歩いてきた彼の意見は大きな励ましであり、やはりそうなのか、日本について真剣に考えている人々の意見は、きっと相当に一致しているのだなと得心させるものでもあった。

コーポレートガバナンスはリーダーを選ぶための仕組みである。それに過ぎないといってもいい。

会社はリーダー次第。これは弁護士として、企業経営に並走してきた私の実感である。そのリーダーをこの日本でどう選んだらいいのか。三菱ケミカルグループの橋本孝行さんとその決断を肯定的に見守った小林喜光さんの存在が日本の未来の姿として際立つ。

重要な視点は独立社外取締役である。

しかし、私は、田村秀男さんが『日本経済は再生できるか』（ワニブックス）で述べられている見解が気になっている。

「日本の場合、社外取締役には会長や社長が、付き合いのある外部の社長OBや著名な経営学者などを高い報酬で迎えることが圧倒的に多く、CEOは自身のお気に入りの後輩を後継者に選ぶことが普通です」（同書315頁）

少なからず当たっている。ことにPBR1倍割れを続けている会社について問題である。

どうすれば良いか。

処方は本文にある。

要するに、独立社外取締役の選任を独立社外取締役がやることと、独立社外取締役を中心とした後継社長選任である。

行き渡るまでに時間がかかる。それは産みの苦しみである。もちろん男女を問わず日本人全体が産むのである。

多様性を含め、私はその過程が日本に、日本企業らしい歴史と伝統を踏まえた、日本の未来を託すに足るコーポレートガバナンスが出来上がる道なのだと期待している。

支えは機関投資家とガバナンスファンド（本文176頁）の「同棲」である。

私のやっているのは「令和の吉田松陰探し」です、と最近よく話す。

私は、日本人である信念として、必ず国難には吉田松陰が彗星のごとく姿を現すと信じている。そのための、次世代、次々世代のための探査行である。

私は田原さんに多くのことを学んだ。本書によって読者も同じ感激を持たれるに違いない。

2023年2月

田原総一朗（たはら・そういちろう）
ジャーナリスト。
1934年滋賀県生まれ。早稲田大学卒業後、岩波映画製作所に入社、64年、東京12チャンネル（現テレビ東京）に開局とともに入社。77年からフリー。テレビ朝日系「朝まで生テレビ！」「サンデープロジェクト」でテレビジャーナリズムの新しい地平を拓く。98年、放送批評懇談会35周年記念城戸又一賞を受賞。現在も「激論！クロスファイア」（BS朝日）の司会をはじめ、テレビ、ラジオの出演多数。著書に『日本の戦争』（小学館）、『創価学会』（毎日文庫）、『さらば総理』（朝日新聞出版）など多数。

牛島信（うしじま・しん）
弁護士、作家。
1949年生まれ。東京大学法学部卒業後、東京地検検事、広島地検検事を経て79年に弁護士に。現在、M&Aやコーポレートガバナンス、不動産証券化、知的財産、情報管理、国際訴訟などで定評のある牛島総合法律事務所代表。日本生命保険社外取締役、朝日工業社社外監査役、一般社団法人東京広島県人会会長、NPO法人日本コーポレート・ガバナンス・ネットワーク理事長。97年に『株主総会』で小説家デビューしベストセラーに。『社外取締役』『少数株主』などの企業法律小説やエッセイも多数。近著に『日本の生き残る道』（幻冬舎）がある。

会社が変わる！日本が変わる!!
日本再生「最終提言」

第１刷　2023年２月28日

著　者　田原総一朗
　　　　牛島　信
発行者　小宮英行
発行所　株式会社徳間書店
〒141-8202　東京都品川区上大崎3-1-1
目黒セントラルスクエア
電　話　編集（03）5403-4344／販売（049）293-5521
振　替　00140-0-44392
本文印刷　本郷印刷株式会社
カバー印刷　真生印刷株式会社
製　本　東京美術紙工協業組合

ISBN978-4-19-865603-4